MW01609796

¡CREE
TODO ES POSIBLE!

Por
Marcos Barrientos

Con Cash Luna, Marcos Witt
Danilo Montero y Aquiles Azar

CASA
CREACIÓN
A STRANG COMPANY

La mayoría de los productos de Casa Creación están disponibles a un precio con descuento en cantidades de mayoreo para promociones de ventas, ofertas especiales, levantar fondos y atender necesidades educativas. Para más información, escriba a Casa Creación, 600 Rinehart Road, Lake Mary, Florida, 32746; o llame al teléfono (407) 333-7117 en Estados Unidos.

¡Cree, todo es posible! por Marco Barrientos
Publicado por Casa Creación
Una compañía de Strang Communications
600 Rinehart Road
Lake Mary, Florida 32746
www.casacreacion.com

No se autoriza la reproducción de este libro ni de partes del mismo en forma alguna, ni tampoco que sea archivado en un sistema o transmitido de manera alguna ni por ningún medio –electrónico, mecánico, fotocopia, grabación u otro– sin permiso previo escrito de la casa editora, con excepción de lo previsto por las leyes de derechos de autor en los Estados Unidos de América.

A menos que se indique lo contrario, todos los textos bíblicos han sido tomados de la versión Reina-Valera, de la *Santa Biblia*, revisión 1960. Usado con permiso.

Copyright © 2008 por Marco Barrientos
Todos los derechos reservados

Edición por: Gisela Sawin
Diseño interior por: Gisela Sawin Group
Diseño de portada por: Amanda Potter y Bill Johnson

Library of Congress Control Number: 2008921175
ISBN: 978-1-59979-141-8

Impreso en los Estados Unidos de América
08 09 10 11 12 * 9 8 7 6 5 4 3 2 1

Contenido

Introducción

Este libro es el fruto de la revelación que Dios habló a nuestro corazón durante el Congreso ADC 2007. El tema de la convocatoria fue *Cree, todo es posible*, expresando de esta forma el deseo de ingresar a una nueva dimensión con el Espíritu Santo en un proceso de liberación interior, prosperidad del alma y sanidad física. Un lugar donde lo imposible se hace posible, donde la desilusión y el desanimo son desechos.

El congreso Aliento del Cielo nació en 1998 y fue diseñado para proveer instrucción, capacitación, motivación, ministración y entrenamiento práctico, basados en los principios de vida contenidos en la Biblia, y que han sido claves en el avivamiento de Latinoamérica. También buscamos ministrar a las necesidades especificas de los pastores y líderes cristianos y desafiar a los miembros de equipos de alabanza a mantener un corazón limpio, motivaciones puras, y buscar la excelencia en Dios.

Nuestro anhelo ha sido proveer un ambiente en el que cada persona conozca el corazón del Padre, desarrolle una relación personal con Jesucristo y aprenda a ser sensible al Espíritu Santo, para ser transformado en una persona útil y productiva, que sirva a Dios y a su prójimo.

A través de este libro, Dios ministrará palabras proféticas a tu vida que restaurarán tu integridad, carácter y firmeza. Te llevará a un lugar en el Espíritu donde se manifestará todo el bien que te ha prometido. Las circunstancias adversas te pueden afectar y lastimar, pero nunca te podrán robar tu propósito en el Reino de Dios. Abre tu corazón a la enseñanza contenida en este libro y experimentarás tres cambios en tu vida:

I. Cambio de actitud

Recibirás una revelación por el Espíritu, y por medio de ella experimentarás el poder de Dios liberándote de la desilusión y el temor del pasado. Tu actitud hacia los desafíos cambiará. Romperás la pasividad y podrás declarar valientemente: ¡No hay nada imposible para Dios!

«Porque ninguna cosa es imposible para Dios» (Lucas 1:37).

II. CAMBIO DE PENSAMIENTO

La visión que Dios te ha dado para tu futuro se aclarará. Recibirás también la sabiduría de la Palabra de Dios para implementarla correctamente, de acuerdo a su modelo. «Porque yo sé los pensamientos que tengo acerca de vosotros, dice Jehová, pensamientos de paz, y no de mal, para daros el fin que esperáis» (Jeremías 29:11).

III. CAMBIO DE EXPRESIÓN

Serás inspirado para determinar y decretar palabras que provocarán cambios de Dios en tu vida, tu matrimonio, tus hijos, tus finanzas y tu congregación.
«La muerte y la vida están en poder de la lengua; Y el que la ama comerá de sus frutos» (Proverbios 18:21).

> «...si puedes hacer algo, ten misericordia de nosotros, y ayúdanos. Jesús le dijo: **Si puedes creer, al que cree todo le es posible**. E inmediatamente el padre del muchacho clamó y dijo: Creo; ayuda mi incredulidad» (Marcos 9:22-24).

Marco A. Barrientos

Capítulo 1

LA FE Y LOS FRUTOS

Por Dr. Cash Luna

La fe es un don intransmisible. Dios nos ha dado a cada uno una medida de fe. Muchas veces la gente me dice: «Yo quisiera tener su fe». A lo que respondo: «No puedo dársela, porque me quedaría sin ella». Lo mismo ocurre con la unción. Algunos me dicen: «Hermano, ¿podría darme su unción?». Y, por supuesto, mi respuesta es: «No puedo, si se la doy ¿con qué me quedo?».

Usted debe alzar sus manos y proclamar: «Yo, como justo, voy a vivir por fe». Pero debe saber que no vive por «la» fe, sino que vive por «su» fe. Cada uno tiene que buscar su propia fe y su unción.

¿QUÉ ES LA FE Y QUÉ ESPERAMOS?

Según la Biblia, fe es la certeza de lo que se espera y la convicción de lo que no se ve. Por lo tanto, quien asegura que vive por fe, no puede quejarse de lo que no tiene o no le ha llegado.

Vivir por fe es vivir por aquello que no tengo y que estoy esperando. O sea que no podemos vivir una vida de fe sin esperar algo. La esperanza le agrega emoción a la vida. Parece común ver personas que se hacen llamar cristianas, pero que viven solamente por lo que tienen y por lo que miran. Debido a eso, en cuanto enfrentan un problema, se deprimen tanto que se evidencia rápidamente que no viven por fe.

Si vivir por fe es vivir esperando algo, es bueno saber qué esperamos. Aquellos que nos critican por nuestra confianza en la capacidad de Dios para prosperarnos deberían saber que eso es parte de la vida de fe. Esperamos mejorar, movernos, superarnos. Esperando tener lo que soñamos. Tenemos fe.

Muchos cristianos creen que Dios tiene potestad solamente en los cielos y que la potestad sobre la Tierra es del diablo. Por eso, hay quienes se conforman con creer que tienen una mansión en el cielo y no se atreven a creer que pueden tener una buena casa en la Tierra. Pero, ¿acaso no es Dios el dueño de la Tierra?

La Biblia no dice que «el justo por su fe será salvo», sino que «el justo por su fe vivirá». El justo vive por la certeza de lo que espera.

¿Qué espera usted? Hay ministerios que esperan un nuevo templo, más cruzadas o tener su propio programa en la televisión. Otros esperan tener su casa o conseguir finalmente sus papeles de residencia en Estados Unidos. Pero, ¿esperan con miedo o con fe? Porque la fe no tiene miedo. La mayoría de los cristianos cree en el arrebatamiento por miedo a quedarse en la Tierra junto al anticristo y no por deseo de estar con el Señor.

La fe y el amor fueron creados por Dios para echar fuera el temor. Aún así, muchos de nosotros no vivimos realmente por fe, pues en cuanto decimos lo que soñamos, lo que queremos lograr, se nos califica de poco espirituales, materialistas o ridículos. Entonces se nos presenta un problema serio porque el justo por su fe hablará.

CIUDAD DE DIOS

En la actualidad, estamos en proceso de construcción la *Ciudad de Dios* en Guatemala, un gran complejo emplazado sobre 100 acres de tierra, el cual contará con 3,500 parqueos. Allí se levantará un nuevo templo para 12,000 personas, un hospital, una universidad, un hogar para niños y otro para ancianos.

Cuando inicié el proyecto y la búsqueda del terreno, me sucedió algo tremendo. Inicialmente negocié una parcela de tierra diferente a la que tenemos ahora. Yo estaba seguro de haber escuchado la aprobación del Señor acerca de ese lugar. Todo estaba resuelto, así que de verdad le creí a Dios y aún hoy, creo que escuché su voz. Por esa razón, continué la negociación. Los vendedores me aseguraron que el negocio estaba cerrado, por lo que motivé a la congregación a levantar promesas de fe para pagar el terreno. Esa semana, los vendedores desaparecieron y no los encontraba por ningún lado. Tuve que predicar en México y estando allá, recibí la noticia de que los dueños habían tomado la decisión de deshacer el trato. Sentí una gran pena, no por la tierra, sino por mis ovejas que habían hecho una promesa de fe.

Esa noche estaba con un amigo a quien le conté cómo me sentía: «¿Cuántas veces aparece un hombre que sin tener nada, le cree a Dios por cosas tan grandes, como yo lo he hecho? Seguramente, Dios sabe que cuenta conmigo y aún sin entender porqué la negociación fracasó, por ser su amigo, soportaré esto». Todo esto me generó una angustia en mí porque tenía la firme convicción de que Dios me había dicho que comprara el terreno.

Finalmente regresamos al hotel, pero antes reprendí al diablo, porque a ese hay que pegarle por ser diablo. Patéelo, péguele, vuélele los cachetes, córtele la cola, tenga o no la culpa de lo que sucede. Agarré al diablo del cuello y golpeándolo espiritualmente le dije: «¡Fuera diablo, te reprendo!». Mi amigo me preguntó: «¿Y si no es el diablo?». «Igual se lo merece por diablo», respondí.

Muchas veces hemos reprendido al diablo sin que tenga la culpa, porque en realidad, el problema es de nuestra carne. Pero igual, hay que darle siempre alguna paliza.

Una vez hecho eso y por las dudas, me puse a adorar a Dios, pues es necesario cubrir todas las posibilidades. Más tarde, llamé desde México a uno de los pastores de mi iglesia y le pedí que me respondiera lo siguiente:

—¿Cuándo declaré que Dios me había dicho algo, he fallado?

—Nunca—, contestó.

Días después, mientras estaba acostado, la voz de Dios vino otra vez a mí diciéndome que construiría un complejo más grande de lo que imaginaba y que tendría aún más tierra de la que soñé. Entonces respondí: «Señor, eso era todo lo que quería escuchar».

El día que carezca de sueños no tendré más razones para vivir. No se trata de un terreno, sino de la fe por la cual vivo. Si no tengo algo en qué creer, no tendré nada por qué vivir. Usted debe tener sueños y esperanza, porque los sueños mantienen viva y activa la fe.

LA FE SE DESARROLLA EN LO MATERIAL

La vida material es esencial para el desarrollo de la fe. Día a día, usted debe comer y vestirse, tiene que luchar por un mejor salario o un mejor empleo para proveer a su familia. Pero no todos debemos luchar día a día contra una enfermedad grave. Algunos quizá jamás tengan esa experiencia, pero sí deberán luchar por pagar sus cuentas, vestir a sus hijos y darles de comer. Si lo material no es tan importante, ¿por qué se aflige cuando un mes escasea el trabajo y no tiene ahorros para afrontarlo? No nos engañemos evitando hablar de las cosas materiales, pues son las que más nos afectan. Cada vez que hay un problema económico, se intensifica nuestro clamor a Dios.

Como pastor, prefiero hablar de la fe para las cosas materiales que tener una iglesia endeudada. Muchos de los que critican nuestro mensaje de prosperidad tienen dificultades económicas. Cuando no se vive una vida de fe, esperando lo que Dios tiene para cada uno, se aprovecha la primera oportunidad de recibir dinero, endeudándose.

La Biblia dice en Mateo 6:25: «No os afanéis por vuestra vida, qué habéis de comer o qué habéis de beber; ni por vuestro cuerpo, qué habéis de vestir. ¿No es la vida más que el alimento, y el cuerpo más que el vestido?». Al día de hoy, no he visto a nadie desnudo o desnutrido en la iglesia. Muchos se escandalizan por lo fino del vestido en lugar de recordar lo fina que es la piel. ¿Qué es más costoso? ¿La piel humana o el vestido que la cubre? Si Dios le dio algo tan valioso como la piel para recubrir su cuerpo, seguro le dará un buen vestido para proteger esa piel.

Dios le da las piernas y la capacidad de movilizarse, pero las personas critican el auto que otro maneja. Si Dios le dio las piernas, ¿no podrá darle también el automóvil?

Algunos cristianos al ver el automóvil del pastor, susurran diciendo: «Ahí van mis diezmos». ¡Qué hipócrita es la persona que dice esto! Ellos no hablan del auto de Michael Jordan ni el avión de Britney Spears, y sin embargo, es probable que al haber pagado por sus discos o por las costosas entradas para ir a los juegos, hayan contribuido con esos lujos.

A pesar de los años de cristianismo, todavía existen ideas erróneas acerca de la riqueza que debemos erradicar. Porque si debería haber un pueblo con poderío económico, ese es el pueblo cristiano. Pero en vez de avanzar, estamos todo el tiempo tocando retirada. El enemigo es un experto en engañar diciéndonos que hay cosas que pertenecen a su Reino, cuando no es así.

Usted puede pensar que este mensaje ya no se aplica a nuestro tiempo, porque ahora hay más posibilidades de obtener lo necesario para sobrevivir. Pero al referirse a la comida y la vestimenta, Jesús estaba hablando de algo más profundo. Él fue más allá y preguntó: «¿Cuánto crees que vales?».

DISTORSIÓN DE LA AUTOESTIMA

La vida de fe está relacionada al valor que uno tiene de sí mismo. Si yo creo que valgo poco, voy a obtener poco en la vida. Si creo que valgo mucho y lo digo bajo la unción del Espíritu, voy a obtener mucho. Si creo que soy de baja categoría, voy a obtener cosas de baja categoría. En cambio, si creo que tengo un buen nivel, voy a obtener cosas de calidad. Por tal motivo, mucha gente se la pasa criticando, tiene tan mala imagen de sí mismo, que le molesta cómo viven los demás. Pero sucede que los otros creen que valen más. Si yo valoro el evangelio, la música, la adoración, entonces invierto en ello todo lo posible, porque para mí, eso tiene valor. El valor que uno le da a las cosas y el valor que uno se da a sí mismo es la sustancia que alimentará la vida de fe.

Si usted cree que es de tercera categoría, comerá,

vestirá y orará como alguien de tercera categoría. La oración de alguien que se valora es diferente. Quien cree ser valioso dirá: «Señor, yo valgo mucho para ti por la sangre derramada en el Calvario. Pues si sólo yo existiera, igualmente hubieras muerto por mí. Si entregaste a tu Hijo, ¿cómo no me darás todo lo demás? Señor, tu has muerto para bendecirme. Bendíceme». Esa es la oración de alguien que se siente amado, cuidado y protegido por Dios.

El mundo del pecado me quitó a mi padre terrenal, pero los religiosos no podrán quitarme a mi Padre celestial. Sé que muchos notan la diferencia entre mi forma de predicar y la de otros. Pero la verdadera diferencia está en que yo no me creo más pastor que hijo. Me creo más hijo de Dios que predicador. Le hablo a usted de hijo a hijo, pues vivo como tal. Lo que vivo, lo que tengo, lo que soy y a donde he llegado, lo he logrado por ser hijo y heredero de Dios.

Pero si usted se menosprecia, ¿para qué va a pedir? Usted tiene que cambiar el concepto de sí mismo. Si cree que no vale nada, ¿para qué murió Jesús por usted? Si Él dio su vida por la suya, lo hizo para que usted comprenda que es importante. Si lo cree, pensará como tal.

Yo he estado allí donde usted está ahora, deseando tener lo que todos esos ministerios grandes tienen. Para lograr sus anhelos, debe cambiar su forma de pensar. No importa qué le hizo el mundo o sus padres, cómo le trataron, qué le dijeron o cómo le hicieron sentir. Usted vale tanto que Jesús murió por usted. Si valiera poco, tal vez Dios hubiera enviado a un arcángel o a un serafín, pero como es muy valioso, envió a su Hijo.

Nadie puede hacerlo sentir de menos sin su consentimiento. Sus ideas erróneas no son culpa de aquellos religiosos que le han herido o le han predicado conceptos equivocados. Ya no se repita lo que le dijeron o le gritaron una noche. Deje de creer los insultos o menosprecios que le han hecho. Yo había nacido para perder, pero Dios puso una chispa de vida dentro de mí que me hizo resistir esa imagen perdedora.

DIOS OBRA EN PROPORCIÓN A NUESTRA AUTOESTIMA

La fe actúa en aquellos que se creen valiosos. ¿Cuánto vale usted? Esa fue la primera pregunta que hizo Jesús: ¿si visto bien a una flor, acaso no haré más por ti?

Lo que Dios pueda hacer por usted va en función de lo que usted cree que vale y, definitivamente, usted vale más que una flor. Por ejemplo, los hijos acuden a su madre porque saben que ella los ama y hará lo necesario por complacerlos. Dios obra de igual forma, si usted acude a Él con fe, sin duda recibirá, pero si no se valora, Dios no responderá. Esa es la verdadera razón de la falta de provisión divina en su vida. Dios no le ha dado más porque el mal está enquistado dentro de su ser. Si advierte que hasta ahora, no se ha animado a orar ni a vivir con más fe, ha sido porque algo dentro de su corazón inconscientemente le ha dicho que no podía hacerlo, pues no lo merecía. Esos pensamientos no son para usted. Suelen ser excusas baratas para no salir adelante.

Si usted es de las personas que buscan ese tipo de excusas, déjeme darle esta Palabra: su vida no está en oferta, no es de segunda mano, ni merece ser vendido en un «dos por uno». Usted es una pieza única de su creación, no hay otra igual; Él le hizo y luego rompió el molde. Usted es su hijo amado y quiere verle bien, sano, próspero y feliz. Sonría, sólo los humanos podemos hacerlo; la sonrisa es otro gran regalo de nuestro Padre celestial. No hay mejor cosa que como hijo de Dios, disfrute de las bendiciones que Él obtuvo para usted al morir en la cruz.

Dr. Cash Luna, conocido familiarmente como Cash, (porque de niño no podía pronunciar su nombre, Carlos, sino «Cash-los»), recibió a Jesús como su Señor y Salvador en 1982, siendo aún joven. Desde entonces, comenzó a servirle apasionadamente, predicando en parques, calles y buses. En esa misma época, inició sus estudios en la universidad privada Francisco Marroquín en la ciudad de Guatemala. Obtuvo una Licenciatura en Administración de Sistemas de Información, y se graduó con honores *Cum Laude*. En esa misma época, contrajo matrimonio con Sonia, quien además de haberle dado tres preciosos hijos —Carlos Enrique, Juan Diego y Ana Gabriela— lo ha apoyado fielmente en su ministerio.

Se dedicaba exitosamente a sus negocios personales cuando fue llamado por El Señor para servirle a tiempo completo. La presencia de Dios le visitó junto a su esposa, Sonia, de una forma tan fuerte que sintieron una noche cómo el peso del Espíritu Santo los hacía hundirse en la cama. Desde ese día, los milagros y prodigios le siguen a dondequiera que va, y él comprende con todo su corazón que no es su presencia, sino la del Espíritu Santo la que toca a las personas.

En 1994, el Señor los llamó a pastorear, naciendo así la congregación que hoy preside, Casa de Dios, una iglesia que se conoce por la manifestación de la presencia de Dios. Siendo aún una pequeña congregación, la gloria de Dios los visitó, dejando como ebrios en el

Espíritu a muchos de los presentes, tal y como ocurrió en el día de Pentecostés. Hoy ésta es una de las iglesias más desarrolladas e influyentes en Latinoamérica, con múltiples servicios que realizan en un auditórium que la congregación edificó.

Ese mismo año, inició por las noches unas reuniones de unción abiertas al público en general que se denominaron Noches de Gloria, por la poderosa manifestación de la presencia y del poder del Espíritu Santo. Éstas se han desarrollado en cruzadas de sanidad y milagros, que llevan a cabo en muchos países de habla hispana. Junto a estas cruzadas, nació el programa diario de televisión que transmite esas reuniones y las prédicas de la iglesia.

Los pastores Cash y Sonia son reconocidos por su ministerio apostólico al Cuerpo de Cristo, el cual se manifiesta en el pastoreo de ministros, la renovación de cientos de iglesias locales y la bendición entregada a cristianos en muchos países. Su principal objetivo como ministro ha sido desarrollar discípulos dentro y fuera de la iglesia, a través de la Palabra de Dios y la unción del Espíritu Santo, provocando un fuerte crecimiento en el equipo de trabajo y en el ministerio.

Los pastores Luna tienen como objetivo puesto por Dios, ver la gloria de Dios manifestarse en el mundo entero, a través de la unción y la visión de alcanzar las multitudes para Cristo.

Capítulo 2

LECCIONES DEL CAMPO DE CUERDAS

Por Danilo Montero

En el año 2004, fuimos invitados por unos amigos a ministrar durante varios días a la ciudad de La Paz, Bolivia. Al finalizar nuestra visita con el equipo, que duró cerca de cinco días, la iglesia anfitriona quiso agasajarnos con un regalo. Inicialmente, no entendíamos de qué se trataba, pero al día siguiente de terminada nuestra ministración nos llevaron a un lugar en las afueras de La Paz. Allí nos explicaron que querían regalarnos una experiencia de grupo que podía llegar a enriquecer muchísimo el trabajo que veníamos haciendo.

Juntos fuimos a un lugar llamado Campo de cuerdas, un centro de entrenamiento para el liderazgo que instaló un profesor que había enseñado en Harvard. Fue muy interesante, pintoresco y de una gran bendición para todos.

Ingresar al lugar fue impactante. Al principio, nos explicaron que íbamos a tratar de pasar por unas líneas, colocándonos todos en fila tratando de hacerlo (desde el último hasta el primero) sin caernos. Luego conversamos un rato y me fui de ese lugar pensando que ese era el *Campo de cuerdas*. Pero mientras conversaba con Jorge, el director del centro, y le agradecía por su amable atención. Me contestó que no terminaba ahí. Dijo: «Esto fue solamente la introducción para calentar motores. Lo que sigue es realmente lo que queríamos mostrarles».

Entonces nos llevaron a otra área del campo, donde había unos enormes postes de madera de aproximadamente siete metros de alto. Estos estaban conectados con cuerdas, y entre ellas pendían unos pequeños peldaños de madera a los cuales debíamos subir y caminar sobre las cuerdas.

Los muchachos del equipo se subieron felices y empezaron a colgarse como monos, bamboleándose de un lado a otro. Entonces nos enseñaron cuál era el mecanismo o la dinámica del juego, los procedimientos de seguridad para colgar del arnés, y así comenzó la siguiente etapa. Mientras tanto yo observaba desde abajo supervisando que los muchachos del grupo que me acompañaban estuvieran seguros. Todo estuvo fabuloso hasta que me dijeron que yo también tenía que subir. «Espérate un momento Jorge, estás desubicado. Yo soy el líder. El líder tiene que estar en una posición de resguardo, de seguridad, no importa si los demás se matan. Yo no. El ministerio tiene que continuar». Entonces él me tomó del fuertemente del brazo y me dijo: «Tú también necesitas de este curso de liderazgo».

Se tomó unos minutos para explicarme algunos principios totalmente contrarios a los que yo había creído hasta ese momento. Él señalaba que como líder debía haber pasado primero, antes que el resto del grupo. Pero yo me resistía a entender excusándome: «¿Dónde está escrito eso en la Biblia?». Acto seguido, tuvimos una pequeña conversación y finalmente, después de mucho hablar, me planté —literalmente— frente a él, quedando tieso. Entonces me preguntó:

—¿Qué pasa, Danilo?

—Nada —respondí.

Luego le dije la verdad, le «temía a las alturas». El pensamiento y respuesta inmediata de mi amigo Jorge fue muy simple: «Pero… tú continuamente viajas en avión. ¿Cómo puede ser que tengas miedo?».

Entonces descubrí que estaba frente a una gran lección. Era uno de esos momentos en el que pensaba divertirme, sin embargo, el Señor me llevó para que aprendiera algo. Allí sentí en carne propia que estaba lidiando con un sentimiento, una emoción, que en muchos casos se transforma en una entidad que pelea con el ser humano para no hacer lo que Dios le llamó a hacer. Me refiero al temor, que en ciertos momentos, cuando se presenta una oportunidad, se convierte en una personalidad que nos habla al oído diciéndonos: «Tú no puedes hacer eso. Tú no debes hacer eso. Quédate donde estás».

UN NUEVO RETO

Estados Unidos es un país donde creer es esencial. Una nación donde día a día se presentan nuevos desafíos y tenemos que saber qué hacer con ellos. Pues la palabra que el Señor nos ha hablado al llamarnos, vuelve a ponerse delante de nosotros preguntándonos si vamos a creer para continuar, y qué haremos con aquello que hemos oído.

Los sueños y las visiones que Dios ha puesto en nuestro corazón, han sido probados a lo largo de años. Su corazón ha sido probado, su carácter ha sido probado. Tal vez usted ha dejado de cocinar la visión de Dios para su vida en el horno de la paciencia. Porque ha llegado la hora de tomar esa visión y caminar en lo que Dios nos ha dicho. Creer lo que Él nos ha declarado y hacerlo realidad. Para ello, se requiere simplemente el accionar de la fe que está dentro de nosotros por el Espíritu Santo. Más allá de cual fuere la cantidad de fe. Si oímos la voz del

Señor y la abrazamos, de aquí en más pueden dispararse tremendos cambios para la Iglesia del Señor.

La travesía por el Campo de cuerdas continúa. Recuerdo que luego de habernos explicado las cuestiones de seguridad y de sentirnos cómodos, nos llevaron al área donde estaban esas estructuras. Entonces preguntaron: «¿Quién de ustedes va a ser el primero?». Todos apuntamos hacia el pianista. Así fue que se paró sobre esa estructura que se movía, y no era precisamente porque las cuerdas estuvieran mal puestas. En ese momento lo vimos estremecerse, tratando de dar el primer paso. El primer pensamiento que usted debe tener cuando se trata de ingresar en lo que Dios le dice, es dar el primer paso. Porque siempre el primer paso cuesta.

Generalmente, las cosas que valen, cuestan. Cuesta toda la energía que hay dentro suyo, cuesta todo el accionar de la fe. Cuesta el sudor. Cuesta romper la matriz cuando nace el primer hijo. Cuesta dar el primer paso pues no sabe lo que va a suceder luego, y a su vez no puede compararlo con nada anterior. Ese primer momento, ese primer paso tiene que darse. Y es lo que Dios está pidiéndonos para que comencemos a ver el desenvolvimiento de lo que Él quiere hacer en esta época de nuestra vida.

Dios le dice que dé el primer paso. Nadie lo hará por usted. Cuando Dios le hable, dé ese paso.

Me acuerdo que cuando estaba en la Universidad, me había apartado de las cosas del Señor, y poco a poco Él comenzó a tratar muy fuerte conmigo para que regresara al camino. Antes de ello había sido un muchacho muy comprometido en la iglesia. Pero a los dieciocho años me rebelé y me aparté. En ese tiempo, pasé un gran quebrantamiento. Un año y medio después, el Señor comenzó a tratar conmigo atrayendo mi corazón. Como dice la Biblia, logró conquistarme con lazos de amor. Me quebré delante del Señor y comencé a buscarlo intensamente. Tal es así, que los dos años siguientes tuve una visitación muy especial de Dios.

LAS PRUEBAS DEL COMIENZO MINISTERIAL

En el año ´86 grabamos un disco titulado *Mi adoración*. Un año después, grabamos otro que se llamó *Tú eres digno*. Luego, Dios nos llevó a ministrar por todo el país, hasta que llegó el momento de viajar a otras naciones.

Después de haber recibido varias veces palabra de Dios para mi vida, desde que era adolescente, y que fueron confirmadas en ese tiempo de adoración, llegó la primera invitación al exterior. Tenía que viajar a Panamá.

Organizamos un equipo que parecía una comparsa

o grupo de mariachis, porque éramos como quince o dieciséis personas alistadas para viajar. Teníamos de todo, guitarras, coristas, etc. De inmediato, surgieron un sin fin de inconvenientes. El día anterior a partir, varios de los integrantes no tenían sus papeles al día, retrasando así el viaje. Aquello fue una pesadilla. Además, la persona que nos trasladaría en autobús a Panamá, que significaban casi diecisiete horas de viaje, se echó para atrás al enterarse que llevaríamos equipos de audio, pues temía que arruináramos su flamante vehículo.

Mientras estaba en la oficina de inmigraciones hablando con el jefe para que nos extendiera un salvoconducto para todo el equipo, nos enteramos que los organizadores del evento en Panamá no habían podido enviar el dinero. Así que debíamos reunirlo nosotros, algo que resultaba bastante difícil. A raíz de tantos inconvenientes, muchos opinaban que programar este viaje había sido un error. Pero la tarde anterior a la fecha propuesta para viajar, nos juntamos todos en la oficina del pastor y literalmente lloramos delante del Señor. Pues este viaje representaba una tremenda ilusión para todos, y además sabíamos plenamente que el Señor nos estaba moviendo a ese lugar. Sin embargo, todo explotaba a nuestro alrededor haciéndonos creer que se trataba de una verdadera locura. Inclusive algunos de los líderes de la iglesia nos decían: «Muchachos, tómenlo con calma. Mejor olvídense esperen al próximo año». Mientras que por dentro nos quemaba la pasión por ir, ya que sabíamos que Dios estaba en esto.

Lloramos, nos tiramos al piso, y le dijimos: «Señor, queremos saber si estamos equivocados o no. Necesitamos que nos digas la verdad. De lo contrario, ayúdanos». De inmediato sonó el teléfono, y era la gente de Panamá que nos daba la grata noticia: «El dinero está en el banco, acabamos de transferirlo. Vengan mañana».

Después de la prueba viene la victoria

Esta experiencia resultó un tremendo empujón para nuestro ministerio. Aunque las dificultades no terminaron allí. Al día siguiente de ese momento de oración, partimos rumbo a Panamá. Media hora después de iniciado el recorrido nos dimos cuenta que faltaba el ingeniero de sonido, que había ido al baño minutos antes de que partiera el autobús. El mismo había salido con cinco horas de retraso, así que no podíamos retardarlo más. Por eso fue acercado por otro transporte desde Moravia, hasta el lugar donde habíamos llegado en la montaña, en el que tuvimos que esperar más o menos dos horas. Finalmente, continuamos nuestro viaje hacia Panamá. Tuvimos que cambiarnos en el autobús, porque llegaríamos directamente a la iglesia, quince minutos antes de que empezara el evento. Montamos rápidamente el equipo, y salimos a escena. A pesar del cansancio y la ansiedad que teníamos, cuando subimos a la plataforma y comenzamos a adorar al Señor, el cielo cayó sobre ese lugar.

Recuerdo que mientras cantaba permanecí con los ojos abiertos mirando lo que estaba sucediendo y pensé: «¿Qué está pasando aquí? ¿Cómo es que está sucediendo todo esto?». Las personas pasaban al frente para aceptar a Cristo sin que nadie hubiera hecho la invitación. También muchos fueron sanos en distintas ubicaciones del auditorio. En síntesis, hemos vivido una experiencia que jamás vamos a olvidar.

Mientras observaba el obrar de Dios, el Espíritu Santo me decía: «El primer paso siempre es el más difícil». Pues dar a luz no es fácil. Hay muchas fuerzas que van a querer turbar lo que Dios nos ha manifestado que hará. Pero si damos el primer paso en el nombre de Jesús, las puertas que Dios mandó que se abran, se abrirán.

Si bien es cierto que ese primer paso se da temblando, se puede dar. Claro que cuesta hacerlo, pero tal como le sucedió a Moisés cuando cuestionaba: «¿Y por qué a mí? ¿Qué tengo yo que ver con esto, Señor? Los egipcios están atrás, ¿y yo tengo que salvar a este pueblo?». Quizás usted también olvidó aquello que le prometió el Señor y lo cuestiona. Pero el mar se abrió en dos cuando Moisés lo obedeció.

Algo parecido le aconteció a María cuando el ángel del Señor le dijo: «No temas, no tengas miedo, María. Dios te ha concedido favor». En otras palabras, le estaba diciendo que no temiera participar en aquello que Dios hace, en aquello que parece imposible, que no temiera a los grandes retos. En esta instancia debemos ofrecerle la vida a Dios. Dar un paso adelante y creer que aquello que Dios ha dicho es posible.

En Deuteronomio 31:8, el Señor le dice a su pueblo antes de conquistar las siete naciones que eran más poderosas que Israel, que Él iría por delante y no los desampararía. Del mismo modo, hoy Dios le dice. «No temas ni te intimides porque el Señor está contigo.» Cuando Jesús mandó a los discípulos a que tiraran las redes la noche en que no sacaban ni un pescado, éstas se rompieron repentinamente por la pesca milagrosa que habían obtenido gracias a las indicaciones del Señor. Entonces Pedro cayó delante del Señor exclamando: «Apártate de mi Señor, porque soy hombre pescador». Y Jesús le contestó: «Pedro, has sido un simple pescador, pero, a partir de hoy, serás pescador de hombres». ¿Qué le quiso decir a Pedro con esta expresión? Simplemente, lánzate a tu futuro, mira hacia delante, lo que estoy poniendo frente a ti. Hasta ahora fuiste pescador, pero yo te hago un hombre que conquistará las cosas de Dios. Desde ahora serás un instrumento para cumplir con los propósitos de Dios. Así que debemos dar pasos hacia adelante, y para ello solo necesitamos lanzarnos. Créale a Dios y haga lo que Él está diciendo que hagamos.

NO VOLVER ATRÁS

Luego de dar el primer paso viene el segundo principio importante. Después de aquel momento de confrontación ante la altura de aquellos juegos de equipo, parecía un niño regañando: «Está bien, pero yo no subo».

Cuando Jorge me ayudó a colocarme el equipo para subir a las cuerdas, y de explicarme cómo hizo para sostener allí arriba al resto del equipo. Me dijo: «Yo subo contigo, para que veas que aquí nadie se ha matado, y que esto es seguro». Entonces le dije: «Bueno, no me convences mucho, pero está bien. Vamos».

Usted no se imagina lo que me costó llegar hasta ahí. Fue como escalar el Monte Everest. Dentro de mí decía:

«Necesito tanques de oxígeno», porque cuando estaba arriba sentí pánico. Al llegar a ese punto me di vuelta para decirle algo a Jorge, y descubrí que se había quedado abajo. Me senté allí arriba y dije: «Ahora ¿qué hago aquí? ¿Podré regresar ahora mismo?». Comencé a hacer cálculos para ver cómo ponerme de pie. Hasta que finalmente lo logré. Pero de repente comprendí que debía sortear el paso siguiente respecto al reto que tenía por delante.

Para ese momento había aprendido dos grandes verdades. La primera consistía en dar el primer paso. La segunda, en no volver atrás. Para ello es necesario soltar el pasado, que tal vez fue glorioso, bonito y bendecido, pero es el pasado. O por el contrario, fue un desastre, una desgracia, una vergüenza, en el que hubo cosas que preferiría no recordar. Pues el Señor le dice en su palabra: «No traigas a memoria las cosas del pasado». Así que suéltelas en el nombre del Señor y levántese. Lo único que han hecho esas vivencias es prepararlo para ser un hombre y una mujer que le teme a Dios y que sabe obedecerlo en el momento que le habla al corazón. No vuelva atrás, suelte su pasado. Nadie puede abrazar lo que Dios tiene por delante, a menos que suelte lo que quedó atrás. Nadie puede agarrarse de lo nuevo que Dios quiere darle, si todavía sigue acariciando lo que quedó en el pasado. Tiene que soltarlo para ver lo nuevo que Dios tiene para su vida.

LA ALEGRÍA DE DAR A LUZ

Tiempo atrás, estuvimos viviendo en la ciudad de Orlando y nos hicimos amigos de una pareja costarricenses muy querida por nosotros. Por once años, no pudieron tener hijos. Hasta que el Señor hizo el milagro de concederle a Andresito, del cual somos padrinos junto a mi esposa.

Pocas semanas antes de que Andresito naciera, una noche, mientras estábamos juntos orando, disfruté de la presencia del Señor. Su mamá, Silvia, estaba embarazada y caminaba de un lado al otro del salón y se acariciaba la panza. Luego se sentaba, acariciaba nuevamente su barriga y caminaba de nuevo. Mientras orábamos, la observaba y continuamente se apantallaba y secaba el sudor porque todo le provocaba calor. Además, debía soportar el gran peso del niño en su vientre. Al ver sus movimientos, noté que Silvia estaba bastante incómoda. No era para menos, estaba a punto de dar a luz. Ya casi no podía dormir, porque no sabía en qué posición ponerse para continuar lidiando con semejante barriga.

Más allá de las molestias que sentía, esta mujer conservaba una cara radiante. No le importaba estar gordita habiendo perdido su figura. Eran mayores las ganas que tenía de dar a luz y ver aquel bebé que se estaba gestando en su interior. Las ganas de poder verle la cara a

Andresito y besarlo eran más fuertes. Y quizás llorar al mirar ese milagro después de tanta incomodidad. Esto me impactó profundamente, porque allí escuché la voz del Espíritu Santo dentro mío diciéndome: «¿Qué les pasa a mis hijos que están tan enamorados del pasado, que cuando yo quiero hacer algo nuevo, lo abortan antes de que nazca? Quieren conservar su comodidad, sin perder la silueta del pasado. No quieren incomodarse con los dolores que produce la abertura de los huesos para dar a luz algo nuevo. Cuando yo depósito algo en ellos por medio del Espíritu Santo, no quieren pasar por la incomodidad de llevar mayor peso encima».

Un sueño nuevo implica sudor, incomodidad. Seguramente no van a ser los mismos de antes, y tendrán que abandonar la comodidad del pasado. Claro que es más fácil permanecer como estamos.

ABANDONAR LA HABITUAL COMODIDAD

Existe un dicho popular que sostiene que los seres humanos somos animales de costumbre. Amamos lo familiar. Nos gusta que al llegar a la iglesia nadie se haya atrevido a ocupar el sitio donde nos sentamos habitualmente. ¡Y cuidado con que al pastor se le haya ocurrido pintar la iglesia de otro color o cambiar el púlpito! Somos animales de costumbre. Amamos aquello que ha funcionado por décadas, pues nosotros lo hemos hecho y no estamos dispuestos a soportar que otros vengan a cambiarlo. Si usted es de esa clase de personas que prefiere hacer las cosas de la misma manera, indefectiblemente se quedará petrificado amando el pasado. Pues la gente que Dios levantará para que abrace su propósito, es gente dispuesta a sufrir el embarazo, el dolor, el peso y el sudor, pero que anhela ver lo nuevo de Dios. Quizás usted se encuentre en esa encrucijada preguntándose: «¿Qué cosas tengo que hacer de forma diferente?».

Yo estaba muy cómodo viviendo en Costa Rica. En verdad, amo a mi país y mi gente. Sin embargo, hace algunos años luego de ministrar durante varios días en diferentes iglesias, viajaba en un avión desde California hacia Miami, donde debía abordar otro vuelo para regresar a mi país. Ansiaba regresar a casa cuando de repente el Espíritu Santo me dijo: «Debes venir a vivir a los Estados Unidos». Luché con el Señor por horas por esa idea y le decía: «Si tuviera diecisiete años me interesaría ir a vivir a los Estados Unidos, pero no a mi edad. Estoy muy cómodo en mi país, lo amo y la oficina del ministerio está allí, junto con mi gente. ¿Para qué ir a otro país? Es muy bonito visitar, comprar y volver a Costa Rica».

Una hora y media después de esta discusión, la voz del Señor vino otra vez a mí: «Debes venir a vivir a este país y lo harás en tiempo de guerra».

Necesitaba despertarme un poco, entonces le pedí a la azafata un refresco. Luego de comprobar que estaba despierto y que esa voz era real, supuse entonces que tenía que tomar autoridad sobre los pensamientos pues creía que estaba soñando despierto. Dentro de mí había un sin fin de interrogantes: «¿Qué era lo que estaba escuchando? ¿A qué se refería con tiempo de guerra? ¿Guerra en los Estados Unidos?».

El 11 de septiembre estábamos de gira por París, y mientras bebía un café relajado sucedió el primer impacto en las Torres Gemelas. Así que me acerqué de inmediato a una pantalla para ver lo que creí sería una buena película.Cuando impactó el segundo avión, un gran escalofrío me recorrió el cuerpo de los pies la cabeza. Entonces nos fuimos hacia el apartamento donde estábamos viviendo, allí no había televisión ni teléfono. Durante toda la noche, pensamos que las bombas comenzarían a cruzar de un continente al otro. Mientras el Espíritu Santo volvió a repetirme: «Te vas a los Estados Unidos en tiempo de guerra». Si bien fueron muchos los detalles de esta historia, debo reconocer que no ha sido nada cómoda la experiencia de mi radicación en ese país. Aunque con el tiempo me enamoré de la ciudad de Orlando, donde viví por cinco años. Una ciudad fabulosa, muy tranquila, en la que pensé que criaríamos también a nuestros hijos. Hasta que meses después hablando con mi esposa le dije: «Y qué tal si lo próximo que Dios quiere hacer en nuestras vidas requiere que nos incomodemos un poquito y nos vayamos de este lugar que amamos. Dejar todo lo que nos gusta tanto de Orlando, para trasladarnos a una ciudad grande». Así fue que tiempo después, Dios nos incomodó tanto que supimos que ya no debíamos aferrarnos al pasado. En ese momento, supimos que anhelábamos ver algo nuevo y por esa razón nos hemos trasladado a Houston. Si usted está en una situación similar en la que Dios lo incomoda para que haga algo, hágalo. Pues Dios le provocará tal incomodidad, a fin de tomar decisiones que produzcan un cambio en su vida.

MIRAR EL FUTURO CON FE

Cuando subí al Campo de cuerdas, debí vencer todo tipo de temores, puesto que por mi mente pasaban pensamientos de inseguridad y miedo. Sin embargo, me esforcé por conservar la meta que estaba por delante. Invertí todas mis fuerzas tratando de perseverar sin rendirme, pues dentro de mí había pensamientos encontrados. Por un lado, pensaba que podía caerme haciendo el ridículo delante de todos. Mientras que por el otro lado, pensaba que sería sencillo y que podía hacerlo. Entonces dije: «No llegué hasta acá para regresar. Lo tengo que hacer por mí, por el instructor, y por los muchachos».

Comencé a caminar, y conforme lo hacía me veía por fe atravesando todo el trayecto. Sentía en mi corazón la firmeza que podría seguir caminando hasta el final y luego regresar. Así que caminé y caminé hasta el otro lado. Seguí caminando y seguí caminando, hasta que llegué al centro de ese poste. Finalmente, solté mis manos y conquisté ese desafío.

Cuando Pablo estuvo varios días en alta mar bajo la tormenta, cuenta el libro de los Hechos que la embarcación perdió el rumbo. Tal fue la confusión de los tripulantes que creyeron que perderían su vida por causa de la tempestad. Pero Pablo se puso a orar en un costado del barco y allí supo realmente que estaba haciendo la voluntad de Dios. Sabía que tenía que ir a predicar a Roma, aunque las circunstancias le estaban diciendo que algo andaban mal. Por eso se puso a orar, y al hacerlo el ángel del Señor le habló en sueños diciéndole: «Pablo, no te preocupes más. Vas a predicar en Roma, pues Dios te ha concedido tu vida y la de todos los hombres que están en ese barco. Y ni uno solo se va a perder». ¿Sabe lo que Dios quería enseñarle a Pablo? El tercer principio: Mirar el futuro con fe.

Proyecte su futuro con fe, mire el cuadro de lo que Dios le ha dicho. Téngalo siempre presente frente a usted y créalo con todo su corazón, evitando estancarse por lo que suceda en el presente. Porque Dios le ha hablado acerca de su futuro declarándole que será maravilloso en Él. Su futuro será bueno, pues usted adora a un Dios que es fiel para cumplir las promesas que le ha dado.

En Isaías 41:10, la Palabra dice: «No temas porque yo estoy contigo, no desmayes porque yo soy tu Dios que te esfuerzo, siempre te ayudaré, siempre te sustentaré con la diestra de mi justicia».

En el versículo 13, agrega: «Porque yo Jehová soy tu Dios quien te sostiene de mi mano derecha y te dice no temas, yo te ayudo».

Y prosigue en el versículo 14: «No temas pequeño Jacob, ni vosotros los pocos de Israel, yo soy tu socorro, dice el Señor, el Santo de Israel es tu ayudador».

Vale aclarar que cuando Isaías dijo estas palabras, Israel se encontraba disperso. El pueblo había faltado al pacto y se sentía desechado, por consiguiente no sabía cuándo se cumplirían las promesas de Dios.

Sin embargo, el Señor le dice a Israel: «No temas, yo estoy contigo. Mira lo que hablo acerca de tu futuro, del Oriente traeré tu generación y del Occidente te recogeré».

Del mismo modo hoy le habla el Señor diciéndole: «No temas por la situación presente, pues estoy a punto de cambiarla». Usted puede recuperar todo aquello que haya perdido, si tan solo le cree al Señor. Dios pondrá las oportunidades perdidas nuevamente en su camino si decide obedecerle de todo corazón. Pues Dios honra a aquellos que le honran. Hay puertas que se abrirán y oportunidades que vendrán, porque hay un nuevo día más brillante, hay una montaña más alta que el Señor le dará para conquistar.

AFERRARSE A LA CUERDA DE LA VIDA

Por último, el reto final del Campo de cuerdas consistía en pararme en medio del tronco y lanzarme para atrás. Confiaba que las personas de abajo me sostendrían para no golpearme. Este fue uno de los argumentos que usó Jorge para convencerme a subir: «Danilo, tú ves cómo es el sistema. Hay una persona abajo que sostiene lo que se llama la 'Cuerda de la vida'. Ya viste que funciona. No hay problema, si algo te pasara ellos te van a sostener».

Si quiere lograr cumplir el propósito de Dios en su vida, el cuarto principio que debe respetar es permanecer amarrado a su cuerda de la vida. Mantenerse conectado con Dios. La vida cristiana funciona de una manera tan maravillosa que Dios siembra en nosotros sus propósitos, nos los presta. Y cuando nos participa de sus propósitos le da sentido a nuestra vida. Usted y yo somos vasos de los propósitos de Dios. Somos copartícipes en sus propósitos. Cuando Dios nos creó, sembró en nosotros una semilla que es su propia vida, su palabra, todo el potencial que Dios pone en los seres que Él creó. Sopló en nosotros vida a través de la salvación, de manera que esos propósitos con los que usted fue creado, germinan, crecen y llegan a ser un árbol maduro.

Cuando José era un muchacho, Dios puso su propósito latente dentro de él. Su padre lo reconoce y por eso le hace una túnica de muchos colores. No porque fuera el hijo predilecto, sino porque él trato de interpretar el sueño que tuvo. Este muchacho fue un hombre con propósito. No fue uno más del montón. Dios tenía algo especial para ese muchacho, y por eso su padre lo identificó con ropas distintas para diferenciarlo de los demás. No importaba lo que sucediera en su vida, ni lo que el diablo dijera. Cuando José miraba su vestido de colores, recordaba el aprecio que su padre sentía por él.

Pero más importante aún, era que Dios había marcado ciertos designios para su vida. Así que no le importaba lo que el diablo le dijera, ni lo que sus hermanos opinaran, ni que se enojaran con él por el atuendo, ni el destino que le dieran los egipcios. Porque Dios tenía algo con José, había un propósito especial para su vida.

Debemos tener presente que el propósito de Dios deja de cumplirse si perdemos el camino que le dio a esos propósitos. Pues Dios no reparte sueños y dones como Santa Claus, tirándolos por allí para que uno haga lo que quiera con ellos. Dios reparte sueños, dones y visiones que sólo llegan a cumplirse si el dueño de los sueños está allí presente para que se cumplan. O sea, que cada paso que usted da en el camino lo hace cada vez más dependiente de Dios. Cada paso nuevo que damos en la vida, en vez de hacernos sentir más independientes nos hace sufrir más de dependencia. Porque no va a suceder lo que tenga que suceder a menos que dependamos de Dios más de lo que creíamos necesario.

Cada puerta nueva que se abre, cada temporada nueva que se despliega, cada reto nuevo que viene, requiere que usted se aferre a su cuerda de vida. Pero bendito sea Dios, porque dice la Palabra que «no nos ha dado un espíritu de cobardía, sino un espíritu de poder, de amor, de dominio propio».

Dios no nos dio espíritu de temor para ser otra vez esclavos, sino espíritu de adopción. Este actúa en forma similar que el vestido de José. Cuando él miraba su vestido, sabía que pertenecía a su padre aunque éste no estuviese presente, y que era amado por él. Del mismo modo, nos ha sido dado el Espíritu Santo que clama dentro de nosotros y nos dice: «Tú le perteneces a Dios, y Dios es tuyo. Tu papá te pertenece a ti, estás amarrado a él eternamente. No te puedes soltar».

Él no puede negar lo que dijo que haría. Lo que él soñó se va a cumplir; sujétese de esa cuerda de vida, que aunque quiera tambalear en el camino, lo va a sostener hasta que llegue a la meta.

Danilo Montero, nació el 1 de noviembre de 1962 en Costa Rica. Con un espíritu humilde de adoración, es considerado un gigante cuando se habla de directores de alabanza. Reconocido por su voz melódica y su estilo enérgico, Montero se ha convertido en uno de los líderes en la renovación de la música cristiana en América Latina.

Danilo no creció en un hogar cristiano. Un día, a la edad de trece o catorce años, un grupo de personas lo invitaron a él y a sus amigos a una campaña de sanidad en la iglesia Oasis de Esperanza. Ellos aceptaron la invitación, y esa noche Montero se entregó a Cristo.

Uno de cinco hijos, pero tiempo después la familia entera siguió los pasos de Danilo. No pasó mucho tiempo antes que Raúl Vargas, pastor de Oasis de Esperanza, reconociera las habilidades de Danilo para ser líder y maestro de alabanza, por lo cual comenzó a aprender canciones y a dirigir la alabanza del grupo. Hoy en día, uno de los deseos más grandes de Montero es ver que el avivamiento de América Latina se extienda a otras naciones.

Con más de dieciocho discos en su carrera, su voz ha compartido un mensaje de fe y entrega a Dios que ha sido recibido por gente de todas las edades, y sus canciones se han convertido en parte importante de la nueva himnología del pueblo cristiano de habla hispana en todo el mundo.

Su visión es la de inspirar a la gente a vivir una vida de devoción a Dios que se exprese en un estilo de vida que refleje el evangelio. Esa visión dirige los esfuerzos que el ministerio Sígueme encabeza a través de más de 150 noches de adoración anuales a lo largo de toda Latinoamérica, Norteamérica y Europa, además de retiros para pastores y equipos de alabanza donde se busca renovar la vida de devoción a Dios como base para el desarrollo del carácter y de una filosofía de ministerio bíblica y espiritual.

Con más de veinticinco años de ministerio, Danilo ha ministrado en muchos de los principales escenarios del continente americano y ha sido parte de los esfuerzos de alcance que algunos ministerios mundiales realizan, tales como Franklin Graham y Benny Hinn. También ha compartido con ministerios como Bryan Doersksen y Paul Baloche en Seminars for Worship en la congregación Church on the Way en California; la iglesia Lakewood en Houston y el congreso *The International Worship Institute* con Lamar Boschman. Danilo es el fundador y director del sello discográfico Sigueme Internacional distribuido ahora por Integrity Music con quien firmó recientemente.

Danilo y su esposa, Gloriana, viven en Houston, Texas en donde son parte del equipo pastoral de la iglesia Lakewood junto a Marcos Witt.

Capítulo 3

AL QUE CREE TODO LE ES POSIBLE

Por Aquiles Azar

Jesús le dijo: Si puedes creer, al que cree todo le es posible. E inmediatamente el padre del muchacho clamó y dijo: Creo; ayuda mi incredulidad.
—Marcos 9:23-24

Uno de los relatos bíblicos que más me atrapa es la escena que describe al padre de un muchacho endemoniado que está clamando a Jesús para que libere a su hijo. Un espíritu inmundo lo había tomado desde muy pequeño y lo tumbaba al suelo, lo estremecía y lo molestaba. Dice la Biblia que a duras penas salía de él o le dejaba durante algún tiempo.

Este hombre se acercó a Jesús y le dijo: «Maestro, traje a ti mi hijo, que tiene un espíritu mudo, el cual, dondequiera que le toma, le sacude; y echa espumarajos, y cruje los dientes, y se va secando; y dije a tus discípulos que lo echasen fuera, y no pudieron» (vv.17-18). Entonces pidió que le trajeran al niño «y cuando el espíritu vio a

Jesús, sacudió con violencia al muchacho, quien cayendo en tierra se revolcaba, echando espumarajos» (v.20).

Encuentro en este texto dos puntos interesantes para resaltar. Uno de ellos es la simple expresión de Jesús: *Si puedes creer, al que cree todo le es posible*. Y en segundo lugar, la peculiar respuesta del hombre: *Creo, ayuda mi incredulidad*. El hombre creía, aunque necesitaba ayuda para hacerlo.

¿Cuántas veces nos sucede algo similar? Creemos, pero necesitamos la ayuda de Dios. La fe viene del cielo, no es el resultado de la razón sino que es puesta por Dios. Fe es creer, es estar persuadido, confiado, tomado del Señor. Fe es creer que lo que Dios dice es verdad y es caminar en ello. Pero sin la ayuda del Señor no podemos obtener absolutamente nada, ni siquiera podemos creer correctamente.

El Espíritu Santo es quien nos ayuda en nuestras debilidades para que podamos creer en Jesucristo. Creer que Él es el Hacedor de milagros y que suceden entre nosotros porque Él está presente.

Es interesante ver que todos los personajes que aparecen en la Palabra del Señor creyeron pero ayudados en un momento determinado por la Palabra, por el Espíritu Santo y porque Jesús estuvo presente.

Hoy en día, Jesús está presente en cada eventualidad,

en cada momento y circunstancia de nuestra vida para ayudarnos. Él no lo llamó para que fuera un derrotado. Él lo llamó para que pudiera alcanzar lo inalcanzable en el nombre del Señor Jesucristo. El Señor no nos llamó a su Reino para que seamos uno más del montón. Él nos llamó para que hagamos la diferencia, para la honra y la gloria de su santo nombre. El Señor nos llamó para hacer algo nuevo, para restaurarnos y bendecirnos, a fin de dar a conocer el potencial que hay en nosotros.

LA AYUDA DE DIOS

Aquel padre desesperado le imploró a Jesús: *Creo; ayuda mi incredulidad.* Es que podemos creer hasta agotar todos los métodos habidos y por haber. Tomar todos los métodos que aparecen en la Palabra y caminar como ellos lo describen, pero sin la ayuda del Espíritu Santo, es imposible.

El Señor lo ha llamado con un fin y un propósito. Él lo ayudará a alcanzarlo en el nombre de Jesús. De esa forma, todo lo que logre será para su honra y su gloria. Porque no significa que nosotros no tengamos fe, sino que Él puso la fe en nosotros. Pues nos amó y nos salvó primero, y por esa razón nosotros le amamos a Él.

Así que tengo una buena noticia para usted en este día: Crea, que Dios lo ayudará, y reconozca que sin Él nada es posible.

Por lo general, solemos clamar a Dios en los momentos más difíciles de la vida, cuando hemos agotado todas las enseñanzas recibidas. Pero debemos aprender a confiar en Él porque nos ayudará. No estamos solos. Él desea ser glorificado y mostrar su poder en nosotros.

En Marcos 3:13-14 dice acerca de Jesucristo: «Después subió al monte, y llamó a sí a los que él quiso; y vinieron a él. Y estableció a doce, para que estuviesen con él, y para enviarlos a predicar».

Jesús había seleccionado a doce hombres con un fin y un propósito. Él ha seleccionado y escogido a su iglesia con un fin y un propósito: que le conozcamos a Él.

Si no fuera por Él, nada somos. Si no fuera por su gracia, no llegaríamos a ningún lugar. Es por tal razón que cada día estoy más enamorado de Jesús. Por lo que Él hace, hizo y continuará haciendo en nuestra vida.

Poder estar en su presencia y conocerle es maravilloso. Ser guiado y dirigido por Él. Estar con Dios es lo que anhelo. Porque cuando deseamos estar con Él porque le amamos y creemos que dio su vida por nosotros en la cruz del Calvario, entonces el propósito de Dios se cumple en nuestra vida para milagros y para creer en lo imposible.

PODER PARA HACER MILAGROS

El pasaje citado menciona que Jesús llamó a doce para que estuvieran con Él y para enviarlos a predicar a fin de establecer el Reino de Dios, y para que tuviesen autoridad para sanar enfermedades y echar fuera demonios (Marcos 3:14-15). ¿Para qué nos llama Dios? Para creer, y que su Reino sea establecido. Para que otros participen de la bendición que nosotros tenemos. Pues la finalidad de este mensaje no es simplemente creer que Dios le dará un auto, una casa, buena ropa y mejor educación para sus hijos. Eso es solamente prosperidad y bendición personal. Pero el propósito de Dios es que otros sean liberados como lo fuimos nosotros. Que otros sean sanados, así como hemos sido sanados nosotros. De ese modo, la gracia del Señor se manifiesta en esta tierra y es establecido su Reino.

Existe una señal para advertir que su Reino se está estableciendo. Jesús mismo dijo: «Pero si yo por el Espíritu de Dios echo fuera los demonios, ciertamente ha llegado a vosotros el reino de Dios» (Mateo 12:28).

¿Cuál es el fin y el propósito de ser bendecidos? ¿Cuál es el fin y el propósito de tener un ministerio? ¿Cuál es el fin y el propósito de ser usado por Dios? Dios nos ha dado tantas bendiciones para que demos de gracia lo que hemos recibido de gracia. Que muchos otros sean bendecidos, tocados y salvados. Que el Reino de Dios se establezca y que la gloria del Señor se manifieste.

En el contexto de la predicación del evangelio, Jesús nos preparó para sanar a los enfermos, dándonos autoridad. Tal acepción proviene de la palabra «exoucia», que significa «autoridad delegada», «poder delegado», «capacidad u habilidad delegada». Jesús les dijo a sus discípulos: «Yo les doy autoridad a ustedes para que crean y confíen. Les doy la habilidad y la capacidad para que vayan en mi nombre y echen fuera demonios. Para que hablen nuevas lenguas y sanen a los enfermos».

Hoy el Señor quiere usarnos para que este evangelio del Reino sea predicado con poder y gloria, con milagros, con majestad, con sanidades y con liberaciones.

Cada uno de nosotros podemos ser usados por Dios de una forma extraordinaria. Más allá de una palabra motivacional, más allá de una doctrina quizás establecida por el contexto humano. Pues creemos en milagros, creemos en Él, porque es el Hacedor de los milagros. El evangelio sin milagros, sin sanidades y sin liberaciones, no es evangelio. Jesús nos dejó el mandato de predicar para que ayudemos a personas como aquel hombre del relato que necesitaba que su hijo sea liberado.

AUTORIDAD DIVINA

Ese es el contexto en el cual nosotros nos basamos para creer, porque al que cree todo le es posible. Hay autoridad delegada para usted en Cristo Jesús. No importa la edad que tenga ni la capacidad o preparación que haya adquirido, Él lo equipa dándole la autoridad y la habilidad de llevar el evangelio con poder y con gloria. Por lo tanto, ya no tendrá más necesidad de esperar que llegue el evangelista a la ciudad para ver milagros, porque estos sucederán a través de su oración, pues el Hacedor de milagros delegó en usted esa autoridad.

Algunos creen que para echar fuera demonios primero deben graduarse en la escuela bíblica. La Palabra menciona que en su nombre se echarán fuera demonios. Pues a todo aquel que cree en el nombre del Señor Jesucristo le seguirán esas señales. Así lo dijo Jesús: «En mi nombre echarán fuera demonios, pondrán las manos sobre los enfermos y los enfermos sanarán». Los milagros seguirán a todo aquel que cree. Si usted cree, las señales también lo seguirán. Con el fin y el propósito de que la cruz sea predicada, que el evangelio de Cristo se manifieste, que la sangre de Cristo salve y liberte. Pero debe creerle a Él, porque lo ama tanto. Solamente confíe.

Antes de partir, Jesús dijo las siguientes palabras:

«Id por todo el mundo y predicad el evangelio a toda criatura. El que creyere y fuere bautizado, será salvo; mas el que no creyere, será condenado» (Marcos 16:15-16). Es necesario que nosotros creamos para poder llevar este evangelio con poder y gloria, entonces los demás creerán. No por la palabra que hablemos sino por las señales, los prodigios y los milagros. Porque el Espíritu de Dios estará presente.

Esto no es para unos pocos. Algunos dicen que las señales son solamente para los evangelistas y no para los pastores o maestros. Sin embargo, usted debe saber que las señales, los prodigios y los milagros son para aquellos que creen. La Biblia dice que a través de los apóstoles fluían señales, milagros y prodigios. Hoy en día, hablamos mucho de apóstoles, porque Dios ha estado restaurando ese ministerio apostólico y profético. Entonces, si hay apóstoles habrá señales. Si hay apóstoles, habrá milagros. Si hay apóstoles, tienen que verse señales tales como demonios huyendo.

En el tiempo apostólico los enfermos eran sanados por la sombra de Pedro o por los paños de Pablo. Ni siquiera ellos tenían que estar allí, con solo tocar su ropa, los demonios huían y los enfermos eran sanados. Los milagros ocurrían porque estaban en la dimensión milagrosa, esa misma dimensión está en la iglesia de esta generación. Pues en este tiempo Dios está levantando hombres y mujeres que creen en Él por los milagros que ven en la iglesia. ¿Con qué propósito ha de suceder esto? El de presentar a Jesús. Porque Él ha sido bueno con nosotros al salvarnos, y quiere que compartamos con otros lo que nos dio. Crea, porque Él le ha dado la autoridad para que muchos sean bendecidos, tocados y libertados a través suyo.

Cuando conocí a Cristo y leí en su palabra «en mi nombre echarán fuera demonios», de inmediato salí a buscar los endemoniados a las calles. Después de leer «en mi nombre pondrán las manos sobre los enfermos y serán sanados», salí a los hospitales a orar por los enfermos y ungirlos con aceite. Rápidamente comenzaron a ocurrir señales, milagros, salvaciones, liberaciones, sanidades, y la gente fue restaurada y cambiada. Porque el poder de Dios lo hace. Su gloria y su presencia lo hacen. Créale a Dios y Él lo usará. Y habrá un avivamiento en el nombre de Jesús.

TESTIMONIOS DE LAS CRUZADAS

A lo largo de tantas cruzadas que hemos realizado, pude compilar en video una gran cantidad de testimonios de personas que han sido sanadas, para mostrar a los que están desesperanzados y animarlos a que esperen su milagro. Dios puede manifestarse del mismo modo en su vida. Pero esto sucederá solamente si cree. Dios está más interesado que nosotros en que ocurran milagros.

En cada cruzada vemos maravillosos testimonios de sanidad y liberación, pues la gloria de Dios desciende poderosamente para libertar a los cautivos. Las personas son libertadas de posesiones y ataduras demoníacas. También se ve el milagro más maravilloso que hay: las personas recibiendo a Cristo como Salvador.

Otro de los milagros que hemos vivido en las cruzadas ocurrió una noche, cuando comenzó a llover mientras nosotros estábamos reunidos al aire libre, nos pusimos a orar como dice la Palabra de Dios acerca de Elías. Oramos fervientemente y no hubo más lluvia. Literalmente la lluvia se había detenido. Ese día casi mil personas recibieron a Cristo, porque vieron que Dios detuvo la lluvia. Lo llamativo de este milagro fue ver que a unas pocas cuadras de distancia seguía lloviendo.

Dios lo ha hecho conmigo, y quiere hacerlo con usted. No tiene que ser un evangelista a las naciones. En su casa, en su vecindario, en su comunidad, en su trabajo, en su iglesia, ore por milagros y Dios se glorificará.

Un hombre que estuvo postrado por cuatro años en

una silla de ruedas vino a nuestras cruzadas y fue sano. En la siguiente reunión nos comentó emocionado: «Yo vine en una silla de ruedas y me fui caminando. Desde ese día no usé nunca más una silla de ruedas ni bastón».

También recuerdo el milagro que recibió aquel pequeño que no caminaba desde su nacimiento. Una noche, el Señor por medio de una palabra de ciencia reveló que estaba sanando a un niño que no caminaba y su padre luego lo ratificó: «Mi hijo nació así, con imposibilidad motriz. Y ahora está caminando».

Un joven que sufría trombosis a causa de un accidente, llegó a la cruzada arrastrando el pie. Pero al finalizar podía caminar sin dificultad y levantar sus brazos que habían estado encogidos. El muchacho dijo: «Mis brazos estaban encogidos, pegados».

Un médico traumatólogo vivió una maravillosa experiencia cuando su hija estaba por cumplir quince años. Una tarde se fracturó la mano. Le tomaron una radiografía y se comprobó que tenía tres fracturas en la articulación de la muñeca. Así que este médico fue a ver a un colega, quien le recomendó inmovilizar el brazo desde la mano hasta el hombro. Se opuso a hacerlo pues quería lucir bien en las fotos del cumpleaños de su hija. Aunque el médico insistía diciéndole: «Si no te pones ese yeso, se te va a mover la fractura y vas a terminar en cirugía».

Entonces decidió esperar antes de tomar la decisión. A la mañana siguiente, mientras estaba acostado, encendió la televisión, y yo estaba predicando. De repente, hice una pausa y quedé mirando al frente diciendo: «Tú que estás en tu casa, que tienes una fractura en la mano, Dios va a hacer un milagro contigo en esta hora. Lo que tienes que hacer simplemente, es extender tu mano hacia el televisor y vas a recibir la sanidad de tu mano». Temblando, este hombre dijo: «Yo soy esa persona». Estaba sólo en su cuarto y extendió la mano. Al mes siguiente, una persona le preguntó por la fractura y él le respondió: «Creo que está bien». Cuando se tomó una nueva radiografía, no había ningún rastro de fractura en ella. Sabemos que Dios hizo el milagro.

En cierta ocasión, una niña sorda se acercó junto a su familia a una de nuestras cruzadas. Hacía cinco años que no oía nada. La madre relató: «Cuando usted estaba pidiendo a Dios que los oídos sean abiertos en el nombre de Jesucristo, ella me dijo que podía oír».

Recuerdo a una mujer que llegó a la cruzada con atrofia muscular en la parte izquierda de su cuerpo. Había un adelgazamiento de los músculos de esa zona que estaban dormidos. Esta era una cuestión genética, ante la cual nada se podía hacer. La mujer decepcionada contó frente a la audiencia: «Cuando me compraba algún pantalón, mi mamá siempre tenía que achicarlo del lado izquierdo, porque había una gran diferencia». Hasta que el Señor hizo un milagro creativo, igualando las dos piernas. Su padre declaró: «Ella tenía una pierna más larga y más delgada que la otra. Ahora están iguales. Incluso sus pies se normalizaron, pues eran diferentes uno del otro». Con relación a esto, la mujer sostuvo: «El pie era más pequeño porque el zapato me quedaba suelto. Pero ahora siento las piernas normales». Después de contar el milagro comenzó a correr por la plataforma alabando y glorificando a Dios por la sanidad, algo que antes su deformidad no le permitía.

Hubo también un milagro tremendo que experimentó un niño sordo de nacimiento. Su madre comentó que «al momento en que estábamos en a cruzada, él comenzó a manifestarme que escuchaba ruidos». El niño era sordo de nacimiento y después de la oración podía oír. Jesús lo hizo.

Otro caso sorprendente ha sido el de Alma, quien llegó a la cruzada sin tiroides como resultado de una cirugía. Ella tenía unos tumores en la garganta, y por esa razón debieron extirparle la glándula. Su madre testificó que posteriormente ella visitó a los doctores porque sintió el poder de Dios después de la oración. Entonces los médicos pudieron chequear y confirmar que la mujer tenía nuevamente su tiroides. Dios le puso una tiroides nueva. Además la joven operada reconoció: «Me hacía mucha falta esa glándula y esa noche le pedí al Señor que me la diera. Y así ocurrió». En el momento que la mujer dio su testimonio llamamos a la plataforma a la doctora que forma parte de nuestro equipo, quien pudo constatar que efectivamente la tiroides estaba en su lugar. ¡Gloria a Dios!

Hace un tiempo estuvimos en el Estadio de béisbol de la Isla de Veracruz de México. Por la mañana ministramos a los pastores, a quienes les pedí que me ayudaran a orar por los enfermos esa noche. A veces, cuando uno está solo en la plataforma es difícil descender para orar, porque muchas veces la gente no entiende y se abalanza sobre mí creyendo que yo hago el milagro. Así que le pedí a los pastores que me ayudaran a orar e hicieran lo propio junto a la gente. Esa noche Dios nos sorprendió notablemente, ya que cuatro personas se levantaron de sus sillas de ruedas. Entre ellas, un hombre que estuvo postrado durante quince años, y otra mujer que estuvo por cinco años invalida en su silla de ruedas.

La unción también está sobre su vida, y Dios quiere usarlo para hacer grandes milagros. Por eso comparto con usted estos hechos milagrosos, para que le crea a Dios. Como relata aquel texto que usamos al inicio de este capítulo, acerca del hombre que necesitaba un milagro para su hijo poseído. Los discípulos no habían podido echarlo, entonces Jesús les enseño a creer. Esta enseñanza de Jesús es también aplicable a nosotros, para que podamos orar por señales obrando por la sangre poderosa del Señor Jesucristo y por su Santo nombre.

CONTRA LOS PREJUICIOS RELIGIOSOS

Algunas personas preguntan: «¿Qué sucede con los niños que están viendo las liberaciones?». Cuando Jesús echaba fuera demonios nunca pidió que apartaran a los niños de allí. Tampoco evitó que la gente adinerada lo viera, por temor a perder sus ofrendas. Pero hay personas que no quieren ver este tipo de espectáculos en su iglesia. En una oportunidad, prediqué en un país que no es el mío, y el recinto estaba lleno, había unas 5,000 personas. Cuando comencé a orar armaron una barrera humana para impedirme ministrar a la gente que estaba recibiendo liberación, porque el pastor no creía en nada de esto. En el momento que los endemoniados empezaron a manifestarse, el pastor subió a la plataforma para pedirme el micrófono. Entonces el Señor me dijo: «Sal de este sitio». Así que me bajé de la plataforma y salí de ese lugar. Sacudí el polvo de mi calzado y salí con una molestia santa muy fuerte en mi corazón. Pero cuando estaba en el estacionamiento, se me acercó un grupo de personas enfermas diciéndome: «Pastor, no se vaya; vinimos desde lejos porque sabíamos que usted iba a estar aquí. Ore por nosotros». Ahí afuera oré por ellas y se desató el poder de Dios. Una mujer se levantó de su silla de ruedas, otro botó el andador, otro las muletas. Sordos oyeron y gente con su vista nublada vio con claridad. Todo esto ocurrió en el estacionamiento. Allí tuvimos un servicio de una hora donde se manifestó el poder y gloria de Dios. Mientras que el pastor salía y me decía: «Usted no puede hacer esto». Pues quería que lo hiciera a su modo. Pero no era ni a su manera ni a la mía, las obras se hacen a la manera de Dios.

Algunos se preguntan si la liberación de endemoniados puede ser mostrada en los programas cristianos de televisión. Ellos temen por la gente que mira el programa, que no se sienta espantada y se aleje aun más, entonces dicen: «Pastor, queremos que la gente se salve y sea atraída por Dios. No que se asuste». Mi respuesta es tal cual lo hizo Jesús: «Si por el dedo de Jehová y por el espíritu de Dios echo fuera los demonios, es porque el Reino de los cielos se ha acercado a nosotros».

La gente se sorprendía de la doctrina de Jesús, por la autoridad con la que echaba fuera los demonios y estos le obedecían. Hoy es el tiempo de ver su gloria en nuestras iglesias, en nuestros púlpitos, en medio de nuestra gente, en los grupos, en las casas, donde quiera que haya un cristiano lleno del Espíritu de Dios. Para que el Reino de Dios se establezca y los demonios tiemblen en el nombre poderoso de Jesucristo. Porque no es asunto de un lugar, ya que he visto milagros en diferentes ciudades y naciones.

Esa es la predicación del evangelio. Mas allá del evangelio «light» que hemos tratado de crear, para que la gente linda venga a gozarse en nuestra iglesia. Sin embargo, mientras más obra el poder de Dios, mayor es la cantidad de gente que se agolpa en las iglesias para buscar el rostro de Dios. Esto sucede sin importar la clase social, status ó apellido. Porque es la demostración del Espíritu de poder. Para que nuestra fe no esté fundada en la sabiduría de los hombres, sino en el poder de Dios.

Unos pastores alemanes visitaron nuestra congregación y se quedaron atónitos al ver en directo las manifestaciones de Dios que habían visto por medio de los videos de nuestras cruzadas. Antes de irse, mientras oraba por ellos, estos pastores recibieron una palabra de parte de Dios. Y lo sorprendente fue cuando visitamos su país. En Alemania, experimentamos la misma gloria, la misma bendición y el mismo poder que en República Dominicana. Allí hubo liberaciones, sanidades, y la gente recibió la llenura del Espíritu Santo.

Porque esto no es solamente para un hombre ni para dos o tres. Esto es para todo aquel que crea. Pues las señales le seguirán a los que creen. En mi caso particular, a los diecisiete años recibí a Cristo, desde ese día le creí al Señor y aquí estoy. Al principio decía: «Yo creo, oraré por los enfermos. Yo creo, predicaré tu palabra».

Sin embargo, antes de conocer al Señor, el diablo me hizo pensar que no podía decirle nada bueno a la gente. Así que quedé tartamudo por el miedo que tenía de hablar. El enemigo me había llenado de temor, que es todo lo contrario a la fe. No me atrevía a pararme delante de un pequeño grupo de personas, ni siquiera me animaba a permanecer delante del salón de clase frente a mis compañeros de estudios para exponer un tema. Me temblaban las piernas y las manos me sudaban.

Todo cambió el día que conocí al Señor Jesucristo y leí el texto bíblico de gran inspiración: «Todo lo puedo en Cristo que me fortalece». Cuando supe que su palabra declaraba que podía ser una nueva criatura en Cristo Jesús, todo fue diferente. Cuando leí el mandato de la Gran Comisión: «Id y predicad el evangelio a toda criatura», le dije al Señor que me usara para lo que quisiera. A partir de allí, la historia fue otra. El diablo sabe el potencial que hay en usted y por eso trata de anularlo. Pero en el momento que eso suceda, Dios lo levantará.

 **Aquiles Azar,** nació en Santo Domingo, República Dominicana. Conoció al Señor a la edad de diecinueve años. Desde sus inicios, mostró un fuerte amor y pasión por las almas. En su juventud, visitaba las plazas y lugares públicos frecuentados por los jóvenes para predicarles el evangelio y guiarlos al arrepentimiento. Su amor hacia Dios lo motivó a ser un creyente trabajador, fiel y comprometido en el servicio.

En 1989, Aquiles Azar fue investido como pastor asociado en la iglesia cristiana a la que pertenecía, donde por cinco años sirvió activamente como maestro de la Palabra, evangelista, líder de jóvenes y luego como pastor asistente. En ese mismo año 1989, asistió a Cristo para las Naciones, en la ciudad de Dallas, Texas, donde estudio teología práctica. En 1991, terminó sus estudios bíblicos en la Republica Dominicana.

En 1994, junto a su esposa, Zuleyka, comienzan una nueva etapa de su vida y ministerio al ser llamados como pastores, dando inicio a la Congregación de fe cristiana, iglesia que actualmente pastorean. En 1997, al asistir a una de las cruzadas del pastor Benny Hinn, en Bayamón, Puerto Rico, tuvo una visión donde el Señor Jesucristo le cubría con un manto diciéndole: «Yo soy el que te unjo». Minutos después, fue llamado por Benny Hinn de entre la multitud profetizándole sobre el mover de Dios para su ministerio e impartiéndole una fresca unción. Desde ese entonces, el ministerio que preside ha estado impactando la nación dominicana y América Latina con cruzadas de fe, milagros y sanidad, llevando siempre el mover del Espíritu Santo. El Señor ha puesto en sus corazones llevar el evangelio con excelencia y no han escatimado esfuerzos para darle lo mejor a Dios. Actualmente, tienen la cobertura ministerial de Faith Christian Fellowship International siendo a su vez el director nacional de FCF para la República Dominicana. El pastor Aquiles Azar es un ministro de fe, con una unción profética manifiesta al ministrar la Palabra. Gracias a esto, lidera uno de los ministerios más prósperos de la República Dominicana.

Capítulo 4

TEN ÁNIMO

Por Marco A. Barrientos

Hace unos años, vi un anuncio en la televisión en el que se presentaba a un hombre visiblemente desalentado, sentado en una silla en una habitación vacía. El narrador entonces hacia la pregunta: «¿Cuánto tiempo puede vivir una persona sin comer?». Era un cuestionamiento retórico que tenía el propósito de hacerle pensar en lo que necesita una persona para sustentar su vida.

La siguiente pregunta fue: «¿Cuánto tiempo puede vivir una persona sin tomar agua?». El narrador continuó cuestionando: «¿Cuánto tiempo puede vivir una persona sin dormir?». La siguiente pregunta fue: «¿Cuánto tiempo puede vivir una persona sin respirar?». Era obvio que la cantidad de tiempo que una persona puede sobrevivir se reducía dramáticamente con cada pregunta.

Finalmente, mientras la cámara enfocaba el rostro triste y apagado de este hombre, el narrador hizo la última pregunta: «¿Cuánto tiempo puede vivir una persona sin esperanza?».

Poca gente entiende la enorme importancia que tiene la esperanza en nuestra vida como un fundamento firme de nuestra fe. Unas de las definiciones que más me gusta de la palabra esperanza es: «La expectativa de un futuro favorable bajo la dirección de Dios» (Harper's Bible Dictionary).

La esperanza es el anhelo o deseo de algo, acompañado con la expectativa o confianza de su cumplimiento o realización. Es aquello que se espera o aguarda con expectativa.

«La esperanza es la palabra más importante de la vida. Esperar significa, etimológicamente y vitalmente, respirar. Pero es también la palabra más peligrosa. Porque cesar de esperar es realmente ahogarse. Debemos manejar esta palabra con extrema prudencia, con gran fuerza y extrema discreción.» —André Dumas

«Nuestra esperanza no fluye de la desesperanza; no es porque el presente está vacío que esperamos un nuevo futuro. Más bien, esperamos ese futuro por lo que Dios ya ha hecho y por lo que ha prometido que hará» (Deiros, P. A. (1997). Diccionario Hispano-Americano de la misión. Casilla, Argentina: COMIBAM Internacional).

La Biblia nos habla de un hombre llamado Jairo que tenía una hija gravemente enferma. Fue a buscar a Jesús, creyendo que Él la podría ayudarlo. «Y le rogaba mucho, diciendo: Mi hija está á la muerte: ven y pondrás las manos sobre ella para que sea salva, y vivirá» (Marcos 5:23).

¿Puedes imaginar el alivio que sintió al saber que Jesús había accedido a ir con él y sanar a su hija? Sin embargo, cuando finalmente se acercaban a su casa le hicieron llegar una noticia que golpeo su expectativa de recibir un milagro de Dios. Le dijeron: «Tu hija ha muerto; ¿para qué molestas más al Maestro? » (Marcos 5:35).

NO DESMAYES

Mientras esperas el cumplimiento de la promesa que has recibido, no desmayes. Aun las personas que han demostrado una gran fe, pueden atravesar por valles de duda y desánimo.

Uno de los pasajes bíblicos más dramáticos que muestran esta realidad se encuentra en el evangelio de Lucas, capítulo 7.

Juan el Bautista, el mayor de los profetas que había existido hasta ese tiempo, aquel que había señalado a Jesús como el Cordero de Dios que quita el pecado de mundo y a quien se le había dado el ministerio de preparar el camino para Jesús, se encontraba preso. Su fe había sido brutalmente sacudida al grado que envió a sus discípulos a preguntarle a Jesús: «Eres tú el que había de venir o esperaremos a otro?» (Lucas 7:20).

Las circunstancias adversas pueden hacer dudar al más confiado. La oscuridad de una cárcel, la respuesta que se demora, y la desilusión de una expectativa no cumplida desafía la confianza de la fe. Es en esos momentos que tenemos que recordar las palabras que hemos recibido de parte Dios.

«Porque yo sé los pensamientos que tengo acerca de vosotros, dice Jehová, pensamientos de paz, y no de mal, para daros el fin que esperáis» (Jeremías 29:11).

«Ahora, así dice Jehová, Creador tuyo, oh Jacob, y Formador tuyo, oh Israel: No temas, porque yo te redimí; te puse nombre, mío eres tú. Cuando pases por las aguas, yo estaré contigo; y si por los ríos, no te anegarán. Cuando pases por el fuego, no te quemarás, ni la llama arderá en ti» (Isaías 43:1-2).

Uno de mis pasajes favoritos de la Biblia es Filipenses 1:6 «...estando persuadido de esto, que el que comenzó en vosotros la buena obra, la perfeccionará hasta el día de Jesucristo».

Esta Palabra nos garantiza que Dios no nos abandonará a nuestra suerte. La obra que comenzó en nosotros, la terminará.

EL PODER DE LA PALABRA

La Biblia declara que toda la creación es sustentada por la Palabra de Dios. «En estos postreros días nos ha hablado por el Hijo, a quien constituyó heredero de todo, y por quien asimismo hizo el universo; el cual, siendo el resplandor de su gloria, y la imagen misma de su sustancia, y quien sustenta todas las cosas con la palabra de su poder» (Hebreos 1:2).

La palabra «sustenta» significa literalmente «llevar una carga», como un barco que lleva a personas sobre el mar. De la misma manera, lo que sustenta tu vida para que puedas seguir avanzando aun en medio de circunstancias adversas son las promesas que has recibido de Dios. La palabra de Dios es eficaz para suplir cualquier necesidad. La clave para recibir el poder que está en ella es no perder nuestra confianza. «No perdáis, pues, vuestra confianza, que tiene grande galardón; porque os es necesaria la paciencia, para que habiendo hecho la voluntad de Dios, obtengáis la promesa» (Hebreos 10:35-36).

EL PROBLEMA DE LA DESILUSIÓN

Cada área de nuestra vida en a que hemos perdido la esperanza, está bajo la influencia de una mentira. La puerta para la mentira se abre después de haber sufrido una desilusión.

«La esperanza que se prolonga, es tormento del corazón: Mas árbol de vida es el deseo cumplido» (Proverbios 13:12). La palabra tormento en este verso significa debilitarse, enfermarse, estar cansado, tener síntomas de enfermo, estar lastimado.

La esperanza es para el alma lo que el sistema inmune es para el cuerpo. Al sufrir una desilusión, pasamos por una etapa de vulnerabilidad. Es por eso que es de vital importancia recuperar la expectativa gozosa de las cosas buenas que Dios ha preparado para nosotros.

RECUPERA LA ESPERANZA

Cuando la desilusión empieza a acumularse, el alma se infecta con amargura y podemos comenzar a cuestionar la bondad de Dios hacia nosotros. La desilusión es el resultado de no entender porque las cosas suceden.

Quizás la lección mas importante que he aprendido

a los largos de los años con respecto a la fe es que debo de vencer la desilusión que resulta de no ver la respuesta que estoy esperando de la manera que la estoy esperando y en el momento que la estoy esperando.

Este fue el desafío de aquel padre cuyo hijo era gravemente atormentado por demonios. El había puesto su esperanza en los discípulos de Jesús, creyendo que le podrían ayudar. Cuando ellos no pudieron liberarlo, su desilusión hizo que su expectativa de fe se debilitara (Marcos 9:14-23). Esto se manifiesta en la forma en la que presenta su petición a Jesús: «Si puedes hacer algo, ten misericordia de nosotros, y ayúdanos» (Marcos 9:22).

Si has sufrido una desilusión, tu expectativa se reduce, y es muy difícil mantener la confianza de que podemos obtener una solución sobrenatural a nuestros problemas. Es en esos momentos en los que tenemos que recuperar una esperanza que se basa en las promesas de Dios y no en las circunstancias favorables.

«Mantengamos firme, sin fluctuar, la profesión de nuestra esperanza, porque fiel es el que prometió» (Hebreos 10:23). Las circunstancias adversas te pueden afectar y aun hacer que tu fe se tambalee, pero jamás podrán destruir el poder de las promesas de Dios.

Recuerdo la historia de un joven que batallaba con una forma de cáncer muy agresiva. Su condición era crítica y sin embargo cada vez que iba al hospital a recibir su tratamiento tenía la esperanza de escuchar un reporte positivo, de que su condición estaba mejorando. En una de sus visitas mensuales al hospital, el médico de guardia que le atendía hizo un comentario descuidado que lastimó la esperanza de este joven. Le dijo: «No sé para qué sigues viniendo a recibir estos tratamientos que tantos efectos secundarios te producen, si de todas formas no vas a llegar al final de este año».

Cuando el joven escucho estas palabras sintió como si le hubieran dado una puñalada en el corazón. Con lágrimas fue a quejarse con el director del hospital, que era un hombre compasivo y de mucha experiencia. Este miro al joven con ternura y le dijo: «Si te han robado la esperanza que tenías, es hora de que nos consigamos una nueva. La esperanza que tú necesitas no se basa en las circunstancias ni en los reportes médicos favorables, sino en las promesas de tu Padre celestial que te ama con amor eterno».

CAMBIA DE ACTITUD

Si sigues caminando en fe, en medio de circunstancias adveras, y aun con lágrimas en los ojos, continúas llevando la preciosa semilla, tarde o temprano con regocijo disfrutaras de la recompensa de la fe.

«Irá andando y llorando el que lleva la preciosa simiente; Mas volverá á venir con regocijo, trayendo sus gavillas» (Salmo 126:6).

La expectativa en el interior de una persona es tan poderosa que puede afectar aun la realidad biológica y transformar la esterilidad en fructificación.

«Regocíjate, oh estéril, la que no daba a luz; levanta canción y da voces de júbilo, la que nunca estuvo de parto; porque más son los hijos de la desamparada que los de la casada, ha dicho Jehová» (Isaías 54:1).

He descubierto que la clave para vivir con una expectativa gozosa del futuro es conservar una actitud de gratitud por los beneficios que hemos recibido en el pasado. Cuando alguien me pregunta cómo hago para no perder la pasión para adorar a Dios, siempre le respondo: «No te olvides de sus beneficios». El Salmo 103 declara: «Él es quien perdona todas tus iniquidades, el que sana todas tus dolencias; el que rescata del hoyo tu vida, el que te corona de favores y misericordias; el que sacia de bien tu boca de modo que te rejuvenezcas como el águila».

El Salmo 100 nos dice que entremos por sus puertas con acción de gracias. Es interesante notar que la ciudad de Dios tiene puertas de perla (Apocalipsis 21:21), y las perlas son formadas en el interior de una ostra, cuando una pequeña piedrita entra y provoca irritación. Si aprendes a mantener una actitud agradecida en medio de las circunstancias que te provocan irritación, descubrirás el secreto de una vida de gozo.

Marco A. Barrientos, es originario de México, D.F. A los 17 años conoció a Jesucristo como su Señor y Salvador, lo que transformó su vida para dedicarla al servicio de Dios, dejando atrás su sueño de ser veterinario.

En 1985 se graduó en el Instituto Cristo para las Naciones de Dallas, Texas, Estados Unidos, y comenzó a trabajar a tiempo completo en la congregación Amistad Cristiana de la Ciudad de México, dentro del área de Alcance, Desarrollo y Extensión.

Su pasión por el alcance y el crecimiento lo llevó a la creación, junto con su hermano Luis Barrientos, de Leche y Miel Producciones, una compañía que tiene la función de llevar "la experiencia de la alabanza y la adoración a los hogares". En ella, Marco ha grabado veintiocho producciones de alabanza y adoración en vivo, es autor de la serie *Encuentros con Dios* que cuenta con cinco títulos, también del libro El plan de Dios para ti, y viaja extensamente llevando los congresos Aliento del Cielo por todo el mundo, y más recientemente los Encuentros para Líderes, Adoradores y Músicos (ELAM). Es considerado un facilitador para que la gente tenga encuentros significativos en la presencia de Dios. Su ministerio tiene que ver fundamentalmente con enseñarle a la gente los principios y dinámicas del Reino de Dios, ayudándoles a aplicarlos de una forma práctica en su vida diaria.

Gracias a la unción que Dios le ha dado, Marco Barrientos ha participado como director de alabanza en diferentes conciertos, congresos y seminarios, y ha realizado grabaciones en otras compañías como Vida, Integrity Music y CanZion Producciones.

Su esposa se llama Carla, y tienen dos hijos, Daniela y Marco. Actualmente, reside en la ciudad de Dallas, Texas, Estados Unidos, y coordina el proyecto de *Amistad Cristiana Internacional.*

Una de las estrategias de Amistad Cristiana Internacional para lograr sus objetivos consiste en la realización de una serie de congresos llamados Aliento del Cielo, con los que se pretende alcanzar las 40 ciudades de Estados Unidos y Canadá con mayor concentración de hispanos.

Capítulo 5

CREER EN DIOS, CREERLE A ÉL

Por Aquiles Azar

Jesús le dijo: Si puedes creer, al que cree todo le es posible. —Marcos 9:23

En el capítulo anterior, me referí a la fe de aquel padre que clamaba por la liberación de su hijo. Y al ver su necesidad Jesús responde: *Si puedes creer, al que cree, todo le es posible.* Inmediatamente el padre del muchacho clamó y dijo: *Creo, ayuda mi incredulidad.*

Nosotros podemos creer y dar los pasos de fe necesarios, pero sin la ayuda de Dios todavía seguimos siendo incrédulos. El hombre del relato tenía una necesidad, y ante el comentario de Jesús respondió: «Creo». Ahora bien, este hombre creía conforme a su contexto, conforme a su fe. El creía que Jesús podía libertar a su hijo del demonio. Sin embargo, no se quedó simplemente con esto, sino que clamó a Jesús: «Ayúdame, ayuda mi incredulidad».

¿Cuántas veces nosotros creemos mientras estamos atravesando un momento difícil? En un momento de complicación en nuestra vida, cuando llega el susto, el miedo, la impotencia, la imposibilidad. Cuando aparece la depresión golpeando a la puerta. Quizás creemos, pero sabemos también que necesitamos la ayuda de Dios. Entonces debemos calamar como este hombre: «Ayuda nuestra incredulidad».

FE ACORDE AL CONOCIMIENTO

Generalmente, creemos conforme al conocimiento que tenemos de Dios y a la medida de fe que Jesús nos ha dado. Pero sin su ayuda no hay fe. Sin la intervención divina en nuestra vida nada podremos alcanzar, por más que utilicemos todos los métodos conocidos. Lo bueno es que lo tenemos a Él para confiar y aferrarnos. Para decirle. «Aunque creo, necesito tu ayuda». Entonces la ayuda de Jesús viene sobre nuestra vida. Entre los discípulos de Jesús estaba Tomás, que a simple vista parecía bastante incrédulo. Luego de resucitar, el Señor se le apareció a todos sus discípulos que estaban reunidos en un lugar. Pero Tomás no estaba allí. Cuando él llegó, los demás discípulos le contaron: «Hemos visto al maestro, ¡resucitó!, se levantó de los muertos y está vivo». Pero Tomas era desconfiado y respondió: «Si no lo veo y si no pongo mi dedo en el hueco de la llaga de su mano, no creeré». Tomás estaba diciendo que lo necesitaba a Jesús para creer. Necesitaba estar cerca del Maestro para tener la misma experiencia que tuvieron los demás. Pues todos ya lo habían visto.

Hoy tildamos a Tomás de incrédulo, pero él fue muy sincero. Tal vez si Tomás hubiera podido estar presente en el momento que Jesús había aparecido, hubiera creído, pero no estaba allí. De lo contrario, hubiera tenido la misma fe que los demás.

Los otros discípulos habían tenido a Jesús muy cerca de ellos, y por eso su incredulidad fue ayudada. Pues aún creyendo, Jesús les ayudó con su presencia. Ocho días después, Jesús se le apareció a Tomás y le dijo: «Tomás soy yo, dame tu mano, pon tus dedos en el hueco de mi mano y de mi costado. Compruébalo, no seas incrédulo». Esa incredulidad que había en él debía ser superada por la proximidad a Jesús. Porque aunque pretendió creer, solamente podía superar su incredulidad estando cerca del Señor. Tan cerca como para tocarlo, tanto como para verlo. Del mismo modo, creo que hoy más que nunca usted y yo necesitamos estar tan cerca de Él como para tocarlo, para olerlo, para verlo y para sentirlo. Porque es difícil afrontar la vida sin Él. Solamente estando cerca de Jesús podremos ser creyentes en lugar de incrédulos.

En búsqueda de la ayuda de Dios

Aquel padre clamó diciendo: «Ayuda mi incredulidad», y Jesús lo ayudó. De este modo Jesús entró en el escenario de esa familia y el joven fue libertado del demonio que lo atormentaba. Estos episodios relacionados con el creer se repiten a menudo en la Palabra con cada persona que obtuvo su milagro. Pero sepa que cada uno de ellos además de creer necesitó buscar la ayuda de Jesucristo. Así que tengo buenas noticias para usted, porque Jesús está muy cerca suyo para ayudarle. Él está muy cerca suyo para amarle, para bendecirle, para abrazarle y llevar su causa perdida. No estamos solos, Él envió a su Santo Espíritu para levantarnos, para cumplir su propósito en cada uno de nosotros. Todas estas personas que los evangelios describen, creyeron en Dios.

Como, por ejemplo, el caso que narra Mateo 9:28: «Y llegado a la casa, vinieron a él los ciegos; y Jesús les dijo: ¿Creéis que puedo hacer esto? Ellos dijeron: Sí, Señor. Entonces les tocó los ojos, diciendo: Conforme a vuestra fe os sea hecho».

Si bien los ciegos creyeron, la pregunta de Jesús apuntaba a su fe: «¿Pueden creer que haré esto?». Era una fe ligada a Jesús.

A veces, Jesús está delante de nosotros pero no

creemos. O al revés, a veces creemos pero Jesús no está delante. Pero ambas cuestiones son necesarias, pues en Galilea hubo gente que tuvo a Jesús delante de ellos y Él no pudo hacer un sólo milagro. Allí estaba el Hacedor de milagros, el maestro de los maestros, el profeta, Dios mismo personificado, y no pudo hacer un solo milagro. ¿Por qué? Porque a pesar de que Jesús estaba allí, ellos no buscaron su ayuda ni tampoco creyeron. Es tiempo de querer estar con Él, de abrazarle, de estar cerca y solicitar su ayuda.

Otro ejemplo de este tipo de fe lo vemos en Mateo 8:6-13, cuando un centurión se acercó a Jesús y le dijo: «Señor, mi criado está postrado en casa, paralítico, gravemente atormentado. Y Jesús le dijo: Yo iré y le sanaré. Respondió el centurión y dijo: Señor, no soy digno de que entres bajo mi techo; solamente di la palabra, y mi criado sanará. Porque también yo soy hombre bajo autoridad, y tengo bajo mis órdenes soldados; y digo a éste: Ve, y va; y al otro: Ven, y viene; y a mi siervo: Haz esto, y lo hace. Al oírlo Jesús, se maravilló, y dijo a los que le seguían: De cierto os digo, que ni aun en Israel he hallado tanta fe».

Jesús reconoció que era grande la fe de ese hombre y proclamó: «Ve, y como creíste, te sea hecho. Y su criado fue sanado en aquella misma hora».

También en Mateo 21:22 hay una nueva referencia al creer: «Y todo lo que pidiereis en oración, creyendo, lo recibiréis». Aunque a veces oramos, pero no creemos. Sin embargo, orar es estar con Él y confiar en Él. Porque todo lo que pidamos en oración, creyendo, lo vamos a recibir.

Mientras que en Marcos 11:23 Jesús declara: «Porque de cierto os digo que cualquiera que dijere a este monte: Quítate y échate en el mar, y no dudare en su corazón, sino creyere que será hecho lo que dice, lo que diga le será hecho».

Si no dudamos, si creemos lo que decimos, acontecerá. Todo lo que usted pida en oración, crea que lo va a recibir y vendrá. Creer significa estar persuadido que Él es real, auténtico, genuino. Que es el Hacedor de maravillas, el Dios todopoderoso. Si usted está persuadido de ello entonces podrá ver la bendición y la grandeza del Señor en su vida. Pues creer también significa fiarse de Él. Usted puede fiarse del Señor Jesucristo, fiarse de todo corazón. Porque Él nunca lo va a desamparar, nunca lo va a desilusionar, nunca lo va a traicionar. También significa confianza. Creer significa confiar en Él. Aunque no lo vemos, sabemos que Él es. Lo sentimos, lo palpamos y sabemos que es real.

En cierta ocasión, Jesús preguntó a sus discípulos:

«¿Quién dicen los hombres que soy yo?» (Marcos 8:27). Y todos comenzaron a decir diferentes cosas. Unos que era Juan el Bautista que había resucitado, otros que era Elías, otros dijeron que era algún profeta. Siempre aparecen preguntas como esta, y la gente rápidamente da su opinión al respecto. Pero cuando Jesús quiso saber cuál era su propia opinión les preguntó: «Y vosotros, ¿quién decís que soy?».

La pregunta iba dirigida directamente a los discípulos. Entonces se generó un silencio enorme y lo pensaron dos veces antes de responder. ¿Por qué? Porque tenían que dar su propia opinión delante de Jesús, tenían que dar la cara. Entonces Pedro se levantó y afirmó: «Tú eres el Cristo, el Hijo del Dios viviente. Entonces Jesús sentenció: Bienaventurado eres, Simón, hijo de Jonás, porque no te lo reveló carne ni sangre, sino mi Padre que está en los cielos» (Mateo 16:16-18).

Nosotros conocemos a Jesús porque Él se manifestó a nosotros. Lo conocemos porque Él ha sido fiel y verdadero, porque hemos recibido revelación. Esto no ha sido mérito propio sino por su gracia y misericordia. De lo contrario, no lo conoceríamos. Si no fuera porque se manifestó a nosotros, no lo conoceríamos. Aún la fe no existiría en nuestra vida si no fuera por Él. La creencia tampoco existiría si no fuera por Él. Así que si usted lo abraza hoy, si confía en Él, si sabe que Él es tan real como su propia vida, entonces Él lo ayudará con su incredulidad. Él lo levantará y le dará confianza. Del mismo modo que yo sé que es real y que existe, porque Él se reveló y se manifestó a mi vida y me ha transformado. Cuando estaba en el hoyo, en el fango cenagoso, Él me liberó. Cuando estaba enfermo, Él me sanó. Cuando estaba triste y abatido, Él trajo paz y seguridad a mi vida. Cuando no era nadie, Él hizo algo de mí. Porque Él es real.

Quizás exista gente que todavía dude respecto a su existencia. Tal vez algunos sostengan que no es real, que se trata de un mito. Ante esto mi respuesta es tajante: «Pueden decir lo que quieran, pero yo le conozco y sé que es real. Porque Él se ha manifestado a mi vida. Él es real y confío en Él».

APOYARSE CON TOTAL CONFIANZA

Creer significa apoyarse en Él con toda confianza. Usted puede afirmarse en Él con toda seguridad. Desconozco hasta ahora en qué se ha apoyado hasta hoy, pero sea cual fuere la base, probablemente esa estructura se ha desintegrado con el correr del tiempo. Ya no sirve como sostén, pues ha perdido su firmeza. Porque aquello de lo cual se aferró no era lo suficientemente fuerte como para sostenerlo. Pero quiero decirle que Jesús es poderoso, Él es fuerte. Jesús es la roca inconmovible de los siglos. Usted puede tomarse de Él en este momento, y lo sostendrá. Él lo fortalecerá, porque es la roca inconmovible de los siglos. Cuando está naufragando, Jesús es el madero en medio del mar. Él es el Dios poderoso en su vida, quien extiende su mano para salvarle y ayudarle.

Quizás usted dirá: «Pastor, comencé a creer. Pero sentí que mi fe falló». Recuerde el caso de Pedro que dijo lo siguiente: «Señor, si eres tú, manda que yo vaya a ti sobre las aguas. Y él dijo: Ven. Y descendiendo Pedro de la barca, andaba sobre las aguas para ir a Jesús» (Mateo 14:28-29).

Pedro abandonó la barca y comenzó a caminar sobre las aguas que estaban turbulentas porque la marea se había levantado. La Biblia dice que ellos remaban y el viento les era contrario. Pero allí estaba Jesús. Entonces Pedro comenzó a caminar sobre las aguas, y cuando vio la circunstancia que lo rodeaba, comenzó a hundirse. Pero su confianza no estaba en su fe sino que estaba puesta en el autor de la fe, en Jesús. Y dijo: «¡Señor, sálvame!». Jesús estaba tan cerca, a la distancia de un clamor, que en medio de las aguas turbulentas lo asió de la mano y lo levantó. Entonces Pedro dejó de hundirse.

Quizá su propio milagro comenzó con el proceso de creer al caminar sobre las aguas turbulentas. Pero cuando miró las circunstancias, comenzó a hundirse así como le pasó a Pedro. Y por esa razón el milagro no se ha consumado.

Usted debe saber que Jesús lo ayudará ahora para levantarse. Él lo ayudará al fortalecer sus manos caídas y sus rodillas y pies endebles. Él lo ayudara convirtiéndose en su sostén. Pues Pedro, aquel que se estaba hundiendo, ¿cómo cree usted que regresó a la barca? ¿Jesús lo cargó? No. La Palabra dice que: «Al momento Jesús, extendiendo la mano, asió de él» (v.31).

En otras palabras, Jesús le dijo: «No te preocupes, estoy aquí para ayudarte en tu incredulidad. Has visto las circunstancias, pero estoy tan cerca de ti y quiero ayudarte». Lo tomó de la mano y dijo: «Bueno Pedro, vamos adelante. Te voy a enseñar una vez más». Y caminó un paso, luego el otro, y le fue enseñando el camino: «Sigue adelante, sin mirar las circunstancias. Mira tu milagro». De esta forma llegaron a la barca, llegaron a la meta, llegaron al lugar donde tenían que llegar. Algo similar quiere hacer Jesús con usted. Ofrézcale su mano y reciba ayuda para alcanzar el propósito de Dios en su vida.

GENUINA CONVICCIÓN

Podemos creer en Él, y no es una mera creencia sino una convicción genuina. En Gálatas 3:5 dice: «Aquel, pues, que os suministra el Espíritu, y hace maravillas entre vosotros, ¿lo hace por las obras de la ley, o por el oír con fe?».

La respuesta correcta es por el oír con fe. Por el creer, por el oír creyendo. Él está disponible para darle de su Espíritu en abundancia. Para darle gracia en abundancia y que su favor esté sobre usted, sobre su familia, sobre el ministerio, sobre su existencia. Esto se obtiene no por obras que hayamos hecho, no por obras de estamentos, de reglamentos, sino por el oír con fe, por el creer.

Querido amigo, usted debe ser consciente que lo que no se practica no se puede desarrollar. Lo que no está activo no se desarrolla, y por ende tampoco crece. Así que debemos anhelar la presencia de Dios y creer. Pero además de creer, tenemos que acercarnos a Él. La Palabra de Dios dice que anhelemos los dones, aconsejándonos abundar en ellos: ¿Ha creído que Dios lo llena de su gracia y de su presencia? Procure entonces abundar en ellas. La fe es acción. Cuando usted y yo creemos, estamos haciendo lo correcto. Porque permanecemos confiados y Él nos ayuda. Cuando estamos cerca del Señor y sabemos que la ayuda viene de Él, entonces nos lanzamos y hacemos lo que Él dice que nosotros podemos hacer.

La Palabra declara: «Creí, por lo cual hablé, nosotros también creemos, por lo cual también hablamos» (2 Corintios 4:13). Nosotros, teniendo el mismo espíritu de fe también creemos, por lo cual hablamos. Nuestra fe tiene una confesión. El creer tiene una expresión, tiene una confesión, una admiración dentro de nosotros que se exterioriza para cambiar las circunstancias. La palabra de fe que predicamos dice lo siguiente: «Si confiesas con tu boca y crees en tu corazón que Jesucristo es el Señor serás salvo. Porque con el corazón se cree para justicia y con la boca se confiesa para la salvación». Entonces, cuando yo confieso estoy actuando conforme a la fe. Porque es necesaria una acción, una expresión en nuestra vida. Un cambio de mentalidad, un cambio de óptica y de punto de vista. Creerle a Dios y creer en su Palabra. Declarar la Palabra, confesarla, ese es el espíritu de fe: Creí, por lo cual también hablé. Ese mismo espíritu de fe ha sido dado a la Iglesia. Ese mismo espíritu de fe ha sido dado a nuestra vida.

Nosotros creemos, por lo cual también hablamos. Creemos, pero no nos quedamos callados. Creemos, pero no enmudecemos. Creemos, pero no hacemos silencio. Creemos, por lo cual también declaramos. Entendemos por la fe que los cielos fueron hechos con la Palabra de Dios, de modo que lo que se ve fue hecho de lo que no se veía. Las cosas visibles fueron hechas de cosas invisibles. Tal como lo recalcó Jesús en su tiempo: «De cierto os digo, que si tuviereis fe, y no dudareis, no sólo haréis esto de la higuera, sino que si a este monte dijereis: Quítate y échate en el mar, será hecho. Y todo lo que pidiereis en oración, creyendo, lo recibiréis» (Mateo 21:21-22).

Usted quizás sepa todo esto, pero yo tengo que repetírselo, porque la Biblia declara que la fe viene por el oír, y el oír por la palabra de Dios. Creemos por el oír, y el oír, por la Palabra de Dios. Creemos cuando oímos la Palabra, y en la medida que la oímos predicada por los labios de un predicador lleno de fe, ésta entra a nuestro corazón y entonces podemos tener fe. Porque el oído se adecua a la Palabra y comienza a estar afinado con ella. A veces el oído está embotado, es decir le falta sintonía. Pero al estar en sintonía con la Palabra de Dios podemos declararla por fe. Pues conforme nosotros declaremos, creyendo en la ayuda del Señor Jesucristo, las cosas han de suceder en nuestra vida.

Todo depende del tipo de confesión

Usted puede cambiar las circunstancias, dependiendo de su confesión. Así que resulta importante preguntarse: ¿Cuál es mi confesión? Pues el milagro no está lejos, sino cerca de usted. Pues cerca suyo, en su boca y en su corazón está la Palabra. Lo único que debe hacer es creer que cuenta con la ayuda de Dios. Por consiguiente, hable y confiese la Palabra. Porque mientras más declara los sueños que Dios le ha dado, más fuerte se afirma su vida en el nombre todopoderoso del Señor Jesucristo.

Jesús decía: «Si puedes creer». El creer implica una acción, una confesión. En Hechos 19 la Biblia relata la llegada del apóstol Pablo a la ciudad de Éfeso, donde se encontró con ciertos discípulos a los cuales les preguntó: «¿Recibisteis el Espíritu Santo cuando creísteis?» (v.2).

Ellos habían creído, pero no habían recibido el Espíritu Santo porque ni siquiera habían oído hablar de él. Esta historia se repite continuamente en nuestras iglesias. Muchos creen, pero no reciben. Muchos creen, pero siguen en la misma condición. Muchos creen, pero no actúan. Porque la fe sin obras es muerta. El apóstol Santiago escribe en su carta: «Muéstrame tu fe sin tus obras, y yo te mostraré mi fe por mis obras» (Santiago 2:18).

El creer implica recibir. Si creemos y no recibimos,

permanecemos en el mismo estado, como que no hubiese sucedido nada. El apóstol Pablo les preguntó si cuando creyeron habían recibido el Espíritu Santo. Porque cuando creemos tenemos más de Dios por recibir. Cuando creemos, hay más de Dios para nuestra vida. Isaías ya lo había dicho en sus escritos y se resalta en 1 Corintios 2:9-10: «Antes bien, como está escrito: Cosas que ojo no vio, ni oído oyó, ni han subido en corazón de hombre, son las que Dios ha preparado para los que le aman».

Así que prepárese para ver la grandeza del Señor en su vida. Si creyó, entonces prepárese para recibir todo lo que Dios tiene para usted. Porque lo sorprenderá cada día dándole una nueva bendición conforme a la revelación. Conforme a la Palabra de Dios que es viva, que transforma. La Palabra de Dios que cambia y que liberta.

FUE ESCRITO PARA QUE CREAMOS

En el evangelio de Juan, el autor redactó lo siguiente: «Pero éstas se han escrito para que creáis que Jesús es el Cristo, el Hijo de Dios, y para que creyendo, tengáis vida en su nombre» (Juan 20:30-31). Ese evangelio se escribió para que nosotros creamos y tengamos vida en su nombre. Su Palabra es verdad, es genuina.

Algunos tienen que concentrarse en la Palabra para considerarse tal como Dios los considera. No como el mundo nos considera, ni tampoco como las circunstancias lo determinan, sino como Dios de los cielos nos ve, más allá de todo.

Todos necesitamos esa transformación en nuestro entendimiento. Ser transformados por medio de la renovación de nuestro entendimiento, para que podamos conocer cuál es la voluntad de Dios, agradable y perfecta. Salir de nuestro propio contexto, salir del que quizás nos vio nacer. Que en un aspecto estructural estaba diseñando para proyectar lo que sería nuestra vida y futuro. Usted debe salir de ese contexto y mirar lo que Dios dice en su Palabra, porque Dios habla cosas grandes acerca de usted, el protagonista en este libro.

Es tiempo de vivir la Palabra de Dios, la fe en su nombre, creyendo en todo lo que Él dice de nosotros. Cambiando nuestra manera de ver las cosas y de pensar. Y caminando conforme a como Él lo ha establecido para nuestra vida.

El apóstol Juan dijo que estas palabras fueron escritas para que sepamos que Jesucristo es el Hijo de Dios, y para que al creer recibamos fe y vida en su nombre. Esto significa que debemos continuar en este sistema de creer. Hoy creo, y mañana continuaré creyendo. Seguiré creyendo en Él, en milagros, en la manifestación de su gloria, en la suministración de su espíritu, su poder y su presencia sobre mí vida. Creeré en Él continuamente, en todo tiempo y todo momento.

VISUALIZARSE EN LA GRANDEZA DE DIOS

Cuando creemos, la gracia y la bendición de Dios vienen de una manera tangible a nuestra vida. La palabra de Dios declara: «Así Abraham creyó a Dios, y le fue contado por justicia» (Gálatas 3:6). El contexto de cómo Abraham creyó a Dios, puede encontrarse tanto en Génesis como en los libros de Romanos y Gálatas. Abraham le creyó a Dios. Tal cual lo describe la Palabra: «Aquel, pues, que os suministra el Espíritu, y hace maravillas entre vosotros, ¿lo hace por las obras de la ley, o por el oír con fe?» (Gálatas 3:5). Y luego dice: «Así Abraham creyó a Dios».

¿Cómo creyó Abraham a Dios? Contando las estrellas, lo que era imposible de contar. Mirándose y proyectándose en la grandeza de Dios y del firmamento. Es allí donde Dios lo llama, es allí donde Dios nos llama. Cuando Dios sacó a Abraham de la tienda y le dijo: «Mira ahora los cielos, y cuenta las estrellas, si las puedes contar. Y le dijo: Así será tu descendencia»

(Génesis 15:5). Dios puso a Abraham a visualizar lo imposible, la grandeza de su firmamento, las cosas inalcanzables. ¿Qué es lo que usted está mirando? ¿Qué es lo que está visualizando? ¿Qué es lo que está pretendiendo alcanzar en su vida? Quiero decirle que no podemos hacer mucho por nuestra cuenta, pero con la ayuda de Dios, como dice la Biblia, podemos alcanzarlo, porque «todo lo puedo en Cristo que me fortalece».

Abraham creyó a Dios, con fe. Puedo imaginar a Abraham contando las estrellas: «Mil, dos mil, tres mil. Ya voy por diez mil, veinte mil. Voy por treinta mil, cincuenta mil». Abraham diría: «Pero hay más». Mientras más contaba, más estrellas aparecían. Así es la grandeza de Dios. Mientras más se involucra en lo que Dios dice de usted, más se ve como Dios dice que es, más visualiza la grandeza de lo que parece imposible. Más gracia y más favor de Dios será visible en su vida.

Pues cuando Abraham contó las estrellas nos estaba contando a nosotros. Cuando Abraham fue llamado para contar lo inalcanzable, la grandeza de Dios, las maravillas del Señor, aquello que parecía imposible, nos contaba a nosotros. Pude observar en la Palabra que hay un potencial extraordinario en cada uno de nosotros. Porque cuando Abraham contó las estrellas, una de ellas eras usted y los demás hermanos de la iglesia, brillando en el firmamento, brillando en la grandeza del Señor. Dios no lo llamó para hacer cualquier cosa. Él lo llamó para alcanzar lo inalcanzable. ¿Cómo creyó Abraham? Así le creyó Abraham a Dios, contando lo inalcanzable. Y luego agrega el texto: «Y creyó a Jehová, y le fue contado por justicia» (v.6).

Él creyó con fe, visualizándose en la grandeza de Dios. Mirándose cerca del Señor, sabiendo que Dios era todopoderoso para hacer aún lo que otros pensaban que no era posible. Porque lo que Dios le había prometido lo cumpliría, pues es poderoso para cumplirlo. Él no es hombre para mentir ni hijo de hombre para arrepentirse. Si Dios le ha dado una palabra, la cumplirá. Así que mírese en la grandeza del Señor y créale a Dios en el nombre poderoso del Señor Jesucristo.

A Abraham su fe le fue contada por justicia. Esto significa que le fue añadido a su cuenta. Él creyó y le fue añadido a su favor. Conforme creemos y nos aferramos a Él, tenemos una cuenta que nuestro favor. Si nos vemos como Él nos ve y nos visualizamos en el firmamento de su grandeza, lo lograremos. Si nos paramos delante de Él a través de su palabra y estamos en su presencia, lo alcanzaremos. Entonces habrá una cuenta a nuestro favor. La bendición de Dios se añadirá a nuestra cuenta. Lo único que usted tendrá que hacer es cargar con ella. Retirar la bendición, porque será suya.

LA PAGA DE LA FE

La Palabra de Dios nos enseña que «sin fe es imposible agradar a Dios; porque es necesario que el que se acerca a Dios crea que le hay, y que es galardonador de los que le buscan» (Hebreos 11:6).

¿De quién es galardonador? De los que le buscan. Porque Dios nos paga por creer. El significado de galardonador es aquel que da la recompensa. Y una recompensa se da a cambio de algo, cuando se hace algo para merecerlo. Sin embargo, lo único que usted y yo podemos hacer para recibir el galardón es creer en Él. Es aferrarnos a Él, y pedir su ayuda. Decirle: «En ti confío y creo. Aquí estoy, Señor, en medio del firmamento. En medio de toda situación. Pero brillo no con luz propia, sino con tu luz. Porque soy parte de tu grandeza». Y de ahí en más todo estará bien.

Cuando usted y yo creemos, Dios nos recompensa. Entonces suceden cosas. Dios añade bendición a nuestro favor. Cuando usted y yo actuamos, creemos, confiamos, nadie podrá revertir eso. Si estamos persuadidos de Él, y decimos que no hay nada sobre la faz de la tierra que pueda sustituirlo, nadie podrá detenernos. Cuando le decimos: «Tú eres el único. Tu eres el Alfa y la Omega, el principio y el fin. Tú eres mi Dios, el hacedor de maravillas.

Yo te he conocido y he recibido la revelación de tu Palabra». Nada ni nadie podrá levantar otro argumento. A pesar de que nos estemos hundiendo, Dios nos dará su mano y nos llevará hacia el propósito que preparó para nosotros, pues Dios es nuestra ayuda.

La palabra galardonador también significa el que paga el salario. ¡Qué buena noticia! Sólo por creer Dios nos paga. Cuando usted y yo tenemos fe, creemos y confiamos en Él y nos movemos poniendo nuestra fe en acción para que Él cumpla su propósito sin importar lo que esté sucediendo, ya sean la marea, los vientos contrarios, las adversidades. Si manifestamos: «Yo creo, porque la Palabra lo dice. Yo creo que Él me sacará del hoyo, del fango cenagoso. Creo que Él me rejuvenecerá como al águila. Creo que Él es mi sanador, que llevó todas mis dolencias en la cruz del Calvario. Creo que su presencia está conmigo y me acompaña». Entonces vendrá el pago de Dios para nosotros.

Él es el que mejor paga. Para ello, solamente tenemos que creer. Porque hay una recompensa extraordinaria para aquel que cree. A veces, pensamos que visualizaremos nuestra recompensa cuando entremos en su gloria. Esto es real, pues habrá coronas y mansiones eternas para nosotros, además de disfrutar su presencia al verlo cara a cara. Pero antes que eso hay recompensa para todo aquel que cree. Dios está buscando gente que le crea. Dios está atento a manifestar su gloria y su bendición sobre nosotros. Y lo único que pide es que creamos en Él. Que le busquemos a Él, que nos atrevamos a caminar en su Palabra.

Hasta los muertos resucitarán

Hace muchos años atrás, un hombre llamado Lester Sunbrown trabajó como misionero en las islas Filipinas. Y mientras estaba en la galería de su casa leyendo el periódico, llamó su atención un artículo en primera plana que decía: «Muchacha es mordida por demonios». Esto había sucedido cuando ella se encontraba en la cárcel.

Mientras leía este artículo, el Señor le dijo:

—Lester, ve allá y liberta a esa muchacha.

Él le respondió:

—Señor, no, ese no es mi ministerio.

Escuchó una vez más la voz de Dios que insistió:

—Lester, ve y liberta a esa muchacha.

Otra vez el misionero se negó argumentando:

—Señor, a mí no. Yo estoy aquí para otras cosas. Estoy en otra área del ministerio. Busca a otro.

Y el Señor le contestó:

—Lester ve allá y libértala.

—Pero Señor —insistió el misionero— busca a otro que lo haga.

Entonces el Señor le dijo:

—Lester, es que no tengo a otro. No he encontrado quien pueda creerme, quien pueda atreverse, quien pueda aferrarse de mí y saber que es por mi fuerza. No tengo a otro, Lester.

Cuenta la historia que Lester Sunbrown fue quebrantado por Dios y dijo:

—Señor, si no tienes a otro yo iré.

Con esa convicción pidió permiso para entrar en la prisión, para orar por la muchacha y que sea libre por el poder de Dios. Debido a este suceso pudo acercarse al alcalde de la ciudad, y esa noticia salió en todos los periódicos. En esa ocasión, el alcalde le preguntó qué quería que hiciese por él. Lester le solicitó lo siguiente: «Reúname a todo el pueblo en el parque central, porque tengo unas palabras para ellos». Así fue que todo el pueblo se reunió allí y él les predicó, comenzando de esta manera uno de los grandes avivamientos en ese país. Filipinas fue estremecida por el poder de Dios porque hubo un hombre que dijo: «Señor, si no tienes a nadie más, yo me atrevo».

Quizás Dios no tenga a nadie más. Quizás Dios ya

haya llamado a otros que le dieron la espalda, que le fallaron. Quizás ellos no tuvieron el reconocimiento esperado y por esa razón no se atrevieron. Pero aún creo en la impartición de Dios por medio del Espíritu Santo. Dios es el que nos da abundantemente de su espíritu. Lo hace por el oír con fe.

En una ocasión, le preguntaron a Arnold Lushanbak por qué razón los muertos se levantaban mientras él ministraba. Y él simplemente respondió: «Porque oro». Entonces el entrevistador cuestionó: «Y ¿por qué no sucede en otros ministerios?». La respuesta de este siervo de Dios fue terminante: «Yo no sé de los otros. Lo que sé es que la Palabra de Dios me dice que así como Jesús limpió leprosos, oró por los enfermos para que sean sanados y por los muertos para que sean resucitados, del mismo modo lo haría si creyéramos. Pues Jesús cuando nos envió, nos dio el mandato de resucitar muertos. Y eso es lo que he hecho. Después que una persona muere, oro por ella. O cuando llevan a un enfermo a una de mis campañas y muere allí por estar en los últimos momentos de su vida. O quizás en la morgue o en el funeral. Yo oro para que el Señor lo levante. No los ha levantado a todos, pero algunos se han levantado. Y todavía otros se van a levantar, porque yo creo».

Esto es lo que sucede con aquel que se atreve a creer

y se moverá por fe. Esto le sucederá a quien se atreva a poner las manos sobre los enfermos para que sean sanados. A echar fuera demonios para que sean libertados. A dar de gracia lo que de gracia han recibido. Porque el espíritu de Dios está sobre ellos. Él llevará su ministerio a una nueva dimensión. Algo grande vendrá sobre la Iglesia. Esto es lo que Dios tiene para usted a partir de hoy. Dios activará hoy su existencia y lo tomará. Lo levantará. Dios le dice: «Estoy contigo y no te dejo». Dios le dice: «Cumpliré mi propósito en ti».

AL VER LA FE DE ELLOS

La Biblia declara que el poder de Dios estaba disponible sobre el Señor Jesucristo para sanar. El día que Jesús estuvo en aquella casa atestada de gente, cuatro amigos cargaban juntos a un paralítico. Cuando vieron que la casa estaba repleta de gente, no se dieron por vencidos. Subieron a la azotea e hicieron un hueco en el techo. Entonces, desde allí, hicieron descender al paralítico hasta donde estaba ministrando Jesús, quien al verlo, detuvo el servicio. Acerca de ese momento, la Biblia señala que el poder de Dios estaba disponible sobre Jesús aquel día. Si bien siempre había estado disponible para sanar y libertar. Sin embargo, en esa oportunidad Jesús le dijo al paralítico: «Levántate, toma tu lecho y anda». Y fue sanado en aquella hora.

Pues al ver la fe de los cuatro amigos que traían al paralítico, lo sanó. Seguramente el paralítico les diría: «Sigan adelante, no me regresen a casa de la misma forma». Como a este paralítico, quizás alguien tenga que ayudarle. Pero detrás de esa ayuda estará el Espíritu Santo. La Palabra dice que «Al ver Jesús la fe de ellos, dijo al paralítico: Hijo, tus pecados te son perdonados» (Marcos 2:5). ¿Cuál fe? La fe que salió a luz por medio de sus acciones. La fe que demostraron esos jóvenes al no darse por vencidos. La fe que se vio al continuar su camino a pesar de las circunstancias. La fe que manifestaron al cargar aquel hombre hasta donde estaba Jesús. La fe que les permitió subir a la azotea, hacer el hueco en el techo y bajar al paralítico. Esa fue la fe que vio Jesús para responder con un milagro.

Crea, su fe moverá la mano de Dios.

 **Aquiles Azar,** nació en Santo Domingo, República Dominicana. Conoció al Señor a la edad de diecinueve años. Desde sus inicios, mostró un fuerte amor y pasión por las almas. En su juventud, visitaba las plazas y lugares públicos frecuentados por los jóvenes para predicarles el evangelio y guiarlos al arrepentimiento. Su amor hacia Dios lo motivó a ser un creyente trabajador, fiel y comprometido en el servicio.

En 1989, Aquiles Azar fue investido como pastor asociado en la iglesia cristiana a la que pertenecía, donde por cinco años sirvió activamente como maestro de la Palabra, evangelista, líder de jóvenes y luego como pastor asistente. En ese mismo año 1989, asistió a Cristo para las Naciones, en la ciudad de Dallas, Texas, donde estudio teología práctica. En 1991, terminó sus estudios bíblicos en la Republica Dominicana.

En 1994, junto a su esposa, Zuleyka, comienzan una nueva etapa de su vida y ministerio al ser llamados como pastores, dando inicio a la Congregación de fe cristiana, iglesia que actualmente pastorean. En 1997, al asistir a una de las cruzadas del pastor Benny Hinn, en Bayamón, Puerto Rico, tuvo una visión donde el Señor Jesucristo le cubría con un manto diciéndole: «Yo soy el que te unjo». Minutos después, fue llamado por Benny Hinn de entre la multitud profetizándole sobre el mover de Dios para su ministerio e impartiéndole una fresca unción. Desde ese entonces, el ministerio que preside ha estado impactando la nación dominicana y América Latina con cruzadas de fe, milagros y sanidad, llevando siempre el mover del Espíritu Santo. El Señor ha puesto en sus corazones llevar el evangelio con excelencia y no han escatimado esfuerzos para darle lo mejor a Dios. Actualmente, tienen la cobertura ministerial de Faith Christian Fellowship International siendo a su vez el director nacional de FCF para la República Dominicana. El pastor Aquiles Azar es un ministro de fe, con una unción profética manifiesta al ministrar la Palabra. Gracias a esto, lidera uno de los ministerios más prósperos de la República Dominicana.

Capítulo 6

LAS VIRTUDES DE SER SOLÍCITO

Por Marcos Witt

Si bien mucho se habla de que con Dios nada es imposible, ¿por qué algunos alcanzan sus sueños y otros no? ¿Por qué algunos progresan en sus metas y otros no? Si realmente todo es posible, entonces, ¿por qué algunos logran cumplir todo lo que Dios ha puesto dentro de ellos y otros no? ¿Será culpa de Dios? ¿Tal vez no tienen la suficiente fe?

He visto muchas personas con una fe inmensa que no alcanzaron sus sueños en Dios. He visto a muchos con ánimo, gran entusiasmo y una fe sencilla, que no pudieron cumplir el propósito de Dios para sus vidas.

Últimamente he meditado mucho sobre este principio, pues como mencioné con anterioridad, he visto a través de los años personas con mucha capacidad, mucho talento, mucha habilidad en lo natural y con un potencial extraordinario, pero que no han podido logar sus sueños.

Respecto a la palabra potencial, es muy interesante su definición, ya que significa todo aquello que todavía no hemos logrado hacer. Muchos tenemos potencial, y sin embargo más de una vez nos hemos quedado a mitad de camino. Muchas veces me he preguntado ¿por qué nos sucede esto? ¿Por qué hay mucha gente con gran potencial que no logra cumplir el llamado de Dios para su vida? Son preguntas necesarias que todos tenemos que hacernos, inclusive aquellos que tenemos años en el ministerio.

TODO ES POSIBLE

Hay un principio fundamental en la vida de fe y usted debe saberlo: Todo es posible. En verdad creo en ese principio. Es un hecho para mí. Creo que todo es posible. Pues Dios quiere llevarnos a lugares impensados por nosotros mismos. Creo que Dios quiere sorprendernos. Hay lugares que usted se sorprendería de verlos, pero Dios los tiene preparado para usted. Solo está esperando que usted haga su parte para que Él pueda hacer el resto. Porque es una colaboración entre lo que Dios va a hacer y lo que nosotros debemos hacer. Dios hace aquello que yo no puedo hacer y espera que yo haga mi parte. Si hace diez años alguien me hubiera dicho que haría las cosas que estoy haciendo hoy, lo hubiera tildado de loco.

Así que agradezco a Dios por reservar aquello que tiene preparado y que nos lo revela de a poco en su plan.

Hace algunos años que estoy pastoreando mi iglesia, y si alguien antes de que eso ocurra me hubiera dicho que eso iba a ocurrir, me le hubiera reído en la cara. Nunca en mi vida hubiera imaginado que esto formaría parte del plan de Dios para mi vida, porque jamás lo desee ni lo busqué. Inclusive mucha gente a lo largo de los años me insistía con esto de iniciarme con mi propia iglesia y yo me reía alegando que no había sido llamado para eso. Es que siempre me he visto como un embajador en el Cuerpo de Cristo, un constructor de puentes. Una persona que une diferentes sectores del Cuerpo de Cristo para romper barreras. Siempre he notado esta unción en mi vida, ese manto que aún me acompaña. Pero jamás imaginé estar pastoreando. Gracias a Dios que no me mostró esto hace algunos años, porque quizás hubiese huido a China. Al estilo de Jonás, que recibió el mandato de Dios para ir a Nínive y por el contrario, compró un boleto a la ciudad de Tarsis. Entonces Dios tuvo que subyugarlo usando un pez. Del mismo modo que Jonás, muchos de nosotros desconocemos a dónde Dios nos quiere llevar el año próximo. Quizás sea bueno desconocerlo, porque de esta manera podremos permanecer fieles.

NADA FRENA EL LLAMADO DE DIOS

«¿Has visto hombre solícito en su trabajo? Delante de los reyes estará; no estará delante de los de baja condición» (Proverbios 22:29).

La primera vez que escuché este versículo tenía tan solo 19 años. En cierta oportunidad, una hermana intercesora de nuestra congregación me dijo: «Marcos, Dios me mostró anoche algo acerca de ti y de tu ministerio». En ese momento, estaba viviendo en Durango, México. Una ciudad de las menos importantes de México, que tampoco queda de paso para otro lugar. Salvo si uno vive en Monterrey y va para Mazatlán. Esta persona me dijo: «Marcos, anoche Dios me mostró este versículo». Y a continuación me leyó Proverbios 22:29 y me aseguró lo siguiente: «Dios me mostró que tú vas a estar delante de reyes algún día». Puedo asegurarle que en mi interior me reí.

La razón de mi incredulidad era mi origen humilde, pues vengo de una familia misionera, poco influyente y sin demasiados recursos económicos. Mis padres siempre dieron toda su vida a la obra misionera predicando a Cristo, no tenían dinero. De hecho, cuando mi padre murió, no nos dejó ni cinco centavos partidos al medio.

Aunque nos dejó un legado mucho más precioso que el dinero, una herencia espiritual extraordinaria, una herencia eterna en la Palabra. Una herencia de integridad, de carácter.

Para cuando recibí esa palabra, era un muchacho de 19 años que hacía solo tres años había dejado de mojarme en la cama, ya que ese era mi gran problema. Esto provocaba una situación de desprecio personal muy fuerte, pues tenía un complejo de inferioridad extraordinario. Luchaba con toda mi alma por superar este problema, pero no lo lograba. Además, toda mi familia lo sabía porque dejaba mi marca en las sábanas. A todos lados donde iba, dejaba mi huella. Entonces se burlaban de mí llamándome «el meón». Tal es así, que hasta yo mismo me reía. Luché mucho con este problema y le agradezco a Dios que ya lo he superado.

Siempre fui de esas personas poco afortunadas, aun al practicar deportes en equipo era dejado de lado por todos. Nadie quería tenerme en el equipo. Yo era ese «nerd» con pantalones emparchados que usaba la ropa que heredaba de sus hermanos mayores. Como no teníamos mucho dinero, mi mamá me vestía con los pantalones de mi hermano mayor. Luego se los ponía mi hermano menor, al tocarle la vuelta de la tercera generación. Hoy en día, es la última moda, pero en esa época todos se burlaban de mí. Es más, tuve que soportar la humillación de usar los pantalones de mi hermano menor, porque había crecido más que yo en altura.

Todo esto influyó en acrecentar mi tremendo complejo de inferioridad. Seguramente ahora podrá entender mejor mi reacción cuando vino esa persona diciéndome que estaría delante de reyes. Por dentro me reía pensando que era imposible. Tal vez se había equivocado de domicilio o de persona. Quizás ese mensaje era para otro.

ESTAR FRENTE A LOS REYES

Veintidós años después me encontré parado en un lugar sorprendente. Una majestuosa tarima, en un salón muy importante del mundo: la Casa Blanca, delante del presidente de Estados Unidos y su esposa. También había muchos senadores, embajadores de otras naciones y muchísima gente muy poderosa. En ese momento me invitaron para abrir la sesión en oración. Y al terminar de orar, debía cantar una canción. Así que les canté el Salmo 121, porque consideraba oportuno estar en un lugar tan imponente y declarar la palabra de Dios. Ese fue un momento inolvidable. Estar en es lugar tan importante, y pensar: ¿Cómo llegué a estar aquí? En ese instante recordé lo que me había dicho aquella hermana hacía tiempo atrás: «Algún día estarás delante de reyes».

Si bien este principio es algo que la Biblia enseña, por lo cual no necesita de ninguna afirmación humana, no obstante ello puedo afirmarlo porque lo he vivido en carne propia. Todo es posible.

Siempre hablamos de tener fe y de temas relacionados con ello. Mas el evangelio tiene que ser práctico, de lo contrario, no funciona. Necesitamos vivir un evangelio funcional, que funcione. Si es cierto que todo es posible, tiene que funcionar para mí.

Ahora, cómo llego a estar en ese lugar. La respuesta está en el término «solícito». Preste atención en esta palabra, porque allí está la clave. La Palabra dice: «¿Has visto hombre solícito en su trabajo? Delante de los reyes estará».

Usted podrá tener fe para su ministerio, pero si no es solícito en su trabajo, todo será una absurda fantasía.

Se requiere fe, pero también de acción. Pues la fe sin obras es muerta. Así que todos debemos aprender lo que significa la palabra «solícito». Al que cree todo le es posible. Pero para logarlo es necesario ser solícito.

Solícito significa ser excelente, una cualidad que necesitamos subrayar más en el Cuerpo de Cristo.

Especialmente en el pueblo hispanoamericano. Tenemos que tener un compromiso con la excelencia, pues solícito es sinónimo de excelencia.

SOLICITUD ES EXCELENCIA

Lamentablemente, a través de los años, muchos de nosotros hemos abusado del hecho que «todo es para la honra y la gloria del Señor», y por ello hacemos todo con mediocridad, aunque nunca entendí esa actitud.

En mi iglesia siempre hubo un tiempo especial para cantar. Y me cansé de ver cómo a cualquier hermano o hermana se le permitía usar el micrófono para cantar. Y como lo hacían tan mal se justificaban con pésimas frases tales como: «Hermanos, yo no sé cantar». Entonces yo me preguntaba, ¿por qué lo está haciendo? ¿Por qué tomó el micrófono si no sabe cantar? Pero insistían con este asunto: «Yo no sé cantar, pero escuchen la letra de esta canción». Si la intensión es escuchar la letra de la canción, que repartan copias al auditorio. Pero no tenemos que soportar alaridos de pelea, gritos de coyotes, pretendiendo ser himnos de alabanza a Dios.

Muchas veces, he ido a lugares donde los músicos tocan canciones sin haberlas ensayado. Entonces, si no la ensayaron, no deben tocarla. Otros componen canciones, pero deberían saber que hay canciones que Dios nos las da para nosotros y para nadie más. Porqué esa canción es personal. Uno solo la entiende, la disfruta y la saborea. Y nadie más. Entonces hace falta una entrega a la excelencia. *La clave es tener un compromiso con la excelencia.*

Un día invité a unos jóvenes compositores a una sesión, para que trabajáramos con algunas canciones. Este grupo de jóvenes se sorprendió con lo que sucedió allí. Quienes me acompañaban en ese trabajo eran compositores de mucha experiencia. Entre ellos se encontraba Juan Salinas, quien ha compuesto una gran cantidad de canciones, Emmanuel Espinosa y Steven Barr. Los muchachos estaban observando nuestro proceso de composición y observaron atentos cuando Juan Salinas se volteó para decirme que una frase estaba mal dicha, y yo accedí a trabajarla, siendo esta una de mis canciones. Ellos vieron que entre nosotros estábamos comprometidos en decirnos lo que estaba mal para mejorarlo. Muy diferente a lo que usualmente acostumbramos hacer entre hermanos, reaccionando de manera contraria: «¿Cómo me pueden decir a mí algo así?». Aunque es mucho más constructiva la sinceridad.

Por esa razón, nunca olvido aquella vez que con

gran entusiasmo le presenté una de mis canciones a Juan Salinas. Al terminar de tocarla quise saber su opinión, y él sin rodeos lanzó la siguiente frase: «Bueno, está linda. Pero no es la mejor canción que tú has compuesto».

Luego de ello, una cosa he entendido: Que la palabra solicitud tiene que ver con excelencia, y la excelencia tiene que ver con trabajar hasta que salga. Si tienen que analizar y criticar mi trabajo, bienvenido sea. Pues una de las mejores cosas que usted puede hacer frente a un hombre o una mujer de Dios, es permitir que le hable directamente diciéndole: «Eso está mal; eso es mediocre».

Si usted quiere estar delante de reyes tiene que saber algo fundamental. Ellos están acostumbrados a escuchar, ver y gustar lo mejor. Así que cuando usted esté parado frente a un rey, ni se le ocurra decirle: «Bueno no sé cantar, pero que sea para la honra y la gloria del Señor». Porque solicitud quiere decir excelencia.

Necesitamos comenzar a trabajar la excelencia en el Cuerpo de Cristo. Sus canciones necesitan ser más excelentes. Su expresión necesita ser más excelente. Su autoanálisis necesita ser más excelente. Usted necesita analizarse continuamente y también ir mejorando paulatinamente. Pues el día que deje de aprender, dejará de crecer. El día que deja de crecer, de inmediato su ministerio dejará de ser eficaz. El día que cualquiera de nosotros diga: «Ya lo sé todo. No necesito ir a ningún congreso. No necesito leer otro libro, porque ya sé suficiente». Ese día será recordado por siempre como el momento en que dejó de ser efectivo.

Cada uno de nosotros necesita tener un compromiso con la excelencia. Por eso, una de las primeras cosas que hago los domingos, al regresar de la reunión de mi congregación, es ver el DVD de la predicación para autoanalizarme. Yo soy el primero en criticarme. ¿Por qué? Porque quiero ser mejor, quiero ser más efectivo. Con el propósito de estar a la altura del evangelio, pues merece excelencia.

En el Cuerpo de Cristo, necesitamos excelentes compositores, excelentes expositores, excelentes escritores, excelentes artistas y excelentes periodistas. Necesitamos profesionales con excelencia: artistas, ingenieros y demás profesiones en el Cuerpo de Cristo. Porque eso es lo que nos hará llegar delante de reyes. Así que, si algún día usted llegara a estar delante de un rey o de alguna personalidad importante, en gran parte será porque creyó que todo es posible. Y también porque fue excelente.

SOLICITUD ES PERSEVERANCIA

En segundo lugar, solícito significa perseverante. Estoy convencido de que muchas personas no logran sus sueños en Dios porque desisten a mitad de camino. Simplemente abandonan. Porque a mitad del camino se dieron cuenta que no era como se imaginaban que iba a ser. A mitad de camino, se dieron cuenta que el precio era distinto al que pensaban pagar. A mitad de camino empezaron a recibir críticas y se dieron cuenta que no era como pensaban que sería.

Recuerdo la primera vez que grabé un disco llamado «Adoremos», allá por la decada de los '80. Esta producción causó escándalo en muchas iglesias porque era un sonido medio rockero para esa época. El otro día lo escuché y dije: «Dios mío, ¿qué me pasaba?».

En muchos lugares de México, se armó una gran polémica por este tema. Había pastores que exigían a sus jóvenes a que llevaran sus casetes a la iglesia y allí hacían fogatas con ellos. Los ofrecían en holocausto al cielo. Saber eso me causó mucho dolor. En mi interior pensaba: «Cómo es posible que ellos piensen eso de mí». Ellos me atacaban y me criticaban. Esto me dolió profundamente, pues no lo esperaba. Cuando creí que Dios levantaría mi ministerio, jamás supuse que iba a recibir críticas como una de las grandes pruebas por sortear. De haberlo sabido, a lo mejor hubiese renunciado en el camino.

Sin embargo, esa ha sido una constante a lo largo de mi ministerio. Me atrevo a decir que en América Latina soy una de las personas más atacadas, más criticadas y más rumoreadas. Por alguna razón, Dios así lo habrá diseñado, sabiendo de antemano que yo podría afrontarlo. Pero ha habido ocasiones muy duras en las que pensé que no podría sobrellevarlo. Como cuando empezó esta crítica y estaba tan dolido por ello. Recuerdo haber ido a hablar con un hermano que yo aprecio mucho. Y él me dijo estas sabias palabras: «Marco, nunca te olvides que el estiércol sirve para abonar la tierra». Qué bueno fue haber tenido esa perspectiva temprana, porque jamás imaginé todo lo que vendría después como consecuencia de la perseverancia.

A través de los años, el diablo ha usado la crítica para desanimarme. Pero por alguna razón, sigo trabajando. Me caigo y me vuelvo a levantar. Y sigo adelante. Hay hoyos que duelen, pero es parte del precio que tengo que pagar. A pesar de vivir en una sociedad donde todo es fácil, rápido y sencillo. Todo se cocina en el microondas, todo es instantáneo. Queremos todo ya, lo queremos ahora. Pero parte del precio es esperar. Ya que en esa espera se empieza a gestar la madurez.

Si a los 19 años hubiera tenido que pararme en esa plataforma de la Casa Blanca, seguramente no estaría preparado para ello. Tampoco a los 29 años, porque no estaría listo. Sin embargo, hay muchas cosas que queremos hacer ahora, pero el Señor sabe que no estamos listos para eso. Allí entra la perseverancia, que forma parte del estar solícito. A través de la perseverancia, nos hacemos más fuertes. Se experimenta esa resistencia que nos hace ver que todo se da más fácil, es lo que nos permite hacer ese ejercicio espiritual que fortalece nuestro espíritu. Mientras tanto, el hombre interior y la fe crecen. Por eso, el apóstol Santiago decía que dejemos que la paciencia haga su obra perfecta. Y la obra perfecta de la paciencia es la que nos fortalece.

Quizás usted trabaja y trabaja pero todavía no se le dio la oportunidad. No importa, hay que seguir perseverando. Como dice el proverbio: *¿Has visto hombre solícito?* Aunque le pregunte al Señor hasta cuándo tendrá que seguir haciéndolo. Sepa que deberá hacerlo hasta que salga.

En mi trabajo diario, tengo el privilegio de escuchar mucha música. Pues constantemente me mandan gran cantidad de música de toda América Latina. Recuerdo que una vez me llegó una carta preciosa de una hermana mexicana diciéndome: «Tengo una hija que canta y quiero que usted la lance al ministerio». En mi interior, mientras me reía pensaba de cuál piso la lanzaríamos.

Por razones laborales, me llega una cantidad industrial de música. Por un lado esto me alegra, porque veo que mucha gente está haciendo música. ¡Gloria a Dios por ello! Pero a la vez me entristece ver la creciente mediocridad. Todos los días escucho grabaciones mediocres, composiciones mediocres, músicos mediocres, veo portadas mediocres. Trabajos que me mandan con la intención de ser lanzados al mercado discográfico. Ahora yo me pregunto, por qué no esperan el momento para hacer las cosas con excelencia. De ese modo pueden lograr una grabación de calidad.

En cierta ocasión, uno de mis amigos me preguntó: «Dime exactamente cuánto es lo mínimo que debo pagar para hacer una buena grabación». Asombrado, lo miré a los ojos y le dije que esa pregunta estaba mal formulada, ya que sacaba a luz la tremenda mediocridad que había en su corazón. Estamos acostumbrados a buscar la inversión más baja, para ver cuál es el límite inferior de la excelencia, en lugar de preguntar cuánto es lo más que puedo dar.

La mujer que derramó el vaso de alabastro sobre los pies de Jesús no preguntó cuánto menos podía gastar. Ella fue, buscó su mejor perfume y lo rompió ante los pies del Maestro. Parte de ser solícitos tiene que ver con esperar, con paciencia, con la perseverancia hasta juntar la suficiente cantidad de dinero para hacer lo mejor que se pueda hacer. En vez de aventarse a grabar mediocremente, como miles lo han hecho, y finalmente no transcienden, no tocan, ni hacen nada. Porque dentro de su corazón está la mediocridad que Dios no bendice.

Entonces mi amigo se fue muy dolido a causa de la respuesta que le di. Sin embargo, cuando le comenté la cantidad de dinero que necesitaría para grabar, tomó el desafío y esperó ocho años para hacerlo. Le recomendé que no volviera a hablar sobre la producción hasta tanto no juntara esa cantidad. El muchacho fue obediente, y comenzó a juntar de a cien, de a quinientos y de a mil dólares en un fondo destinado a la producción. Tardó ocho años en juntar todo el dinero necesario, y cuando lo tuvo, volvió a hablarme. Esa es una persona que sabe esperar las cosas buenas. Hace poco tiempo, sacó su disco en el que se nota verdadera calidad.

La primera vez que lo escuché en mi automóvil me impresiono y glorifiqué a Dios por ello. Finalmente, hay personas que están dispuestas a ser solícitas y esperar. En ese mismo instante, tomé el teléfono y hablé con él. Le dije textualmente: «Te quiero felicitar, porque si esto lo hubieras intentado hace ocho años atrás, no hubiera tenido el impacto que tiene ahora. Pero como supiste esperar, el impacto será mayor en las personas». Eso es ser solícito.

SOLICITUD ES ORDEN

Alguien solícito es una persona que busca la excelencia, que es perseverante. Y por último, es alguien que mantiene el orden. Solicitud tiene que ver con orden, con disciplina. Tiene que ver con ordenar su vida de tal manera de que su sí sea sí y su no sea no.

Solicitud tiene que ver con puntualidad. Si usted dice que va a llegar a las 8:15 de la mañana y llega un minuto antes de lo estipulado, eso es solicitud. Porque si los reyes dicen que estarán 8:15, no puede hacerlos esperar hasta las 8:16. Esta es la razón por la cual desgraciadamente no avanza el Cuerpo de Cristo. No estamos con frecuencia delante de reyes, porque somos preciosos, hermosos y amorosos, desordenados. Somos preciosos, porque el Cuerpo de Cristo es precioso y lo amo con toda mi alma. Aprecio cada una de las expresiones del Cuerpo de Cristo que me ha tocado estar, aún aquellas donde ni siquiera quería estar. Sin embargo, debo destacar que una de las cosas que noto entre nosotros es que somos desordenados. Parte de la solicitud tiene que ver con ser ordenados.

Cuando está predicando y le avisan que le quedan solo quince minutos, parte de la disciplina cristiana está en mantenerse dentro de esos parámetros, porque es importante el orden. Pues resulta desesperante estar en un evento donde el predicador piensa que es el único, y de esta forma echa a perder todo el orden de la reunión, creyendo que es el único que tiene Palabra de Dios. Al pasarse de tiempo, le está faltando el respeto a la persona que sigue en el cronograma del servicio. Parte del orden es disciplinarse para que también Dios use a los demás.

Hablemos específicamente de los músicos, con esa naturaleza artística muy alejada de la naturaleza profética, que es la naturaleza de origen, porque la música es profética. Sin embargo, los músicos cristianos tenemos un grado de desorden bastante elevado. El orden tiene que ver con disciplinar el día para sacarle el jugo a las horas. Orden es descubrir aquellas cosas que nos roban tiempo. Orden implica saber cuánto podemos aprovechar al máximo las veinticuatro horas del día que todo ser humano dispone.

En lo particular, Dios me ha dado el privilegio de ser amigo de varios presidentes latinoamericanos. Y me sorprende la manera en que ellos le sacan jugo a su vida y a sus horas. Por ejemplo, al presidente de los Estados Unidos le organizan sus horarios en bloques de dos minutos. Si usted tiene una audiencia con él, necesita decirle lo que tenga que decir en tan solo dos minutos. Porque detrás de usted, hay una gran fila esperando. Esto requiere un orden, requiere pensar lo que le va a decir y cómo se lo dirá en tan solo dos minutos.

Nunca me olvidaré cuando me invitaron a un evento en el que tenía que dar un discurso de seis minutos, nada más. Pero una de las razones por las que Dios me ha dado gracia ante de los reyes, es porque si me dan seis minutos utilizo seis minutos exactos. Ni más, ni menos. Así que me senté frente a la computadora y empecé a escribir lo que iba a decir. Tardé tres horas en condensar esos seis minutos de discurso. Usted se preguntará si tiene que gastar tres horas para hacer un discurso de seis minutos. Si quiere estar delante de los reyes, tendrá que hacerlo. Si quiere estar delante de reyes, necesita ordenarse. Yo tardé tres horas y logré bajar el discurso a cinco minutos con treinta segundos.

Siempre me preguntan cómo lo hago. Siendo pastor, escritor, salmista, una persona que viaja constantemente para dar conferencias de líderes y al mismo tiempo ser padre y esposo. Realmente es muy sencillo, y tiene que ver con la manera en la que organizo mis días. Tengo las mismas veinticuatro horas que usted, pero en la mayoría de los casos le saco mucho más el jugo a mis horas. Entonces, es cuestión de que usted vea dónde está usando su tiempo y cómo lo está usando.

Por ejemplo, hágase una bitácora por dos semanas, dividiendo su tiempo en bloques de una hora. Así se dará cuenta la forma de administrar el tiempo. Si se levanta a las 7:00, de 7:00 a 8:00 se arregla. De este modo, podrá organizarse de hora en hora. Usted se sorprenderá al ver la cantidad de cosas que le roban tiempo a su vida. Actividades y personas que le roban el tiempo. A medida que los vaya identificando, empezará a desligarse de esas situaciones.

Pero no basta con ordenar el tiempo. También necesitamos orden en nuestras emociones. Debemos archivar aquellos dolores pasados en los lugares donde tienen que estar guardados. Porque existe gran cantidad de personas que pierden su tiempo lamentándose de cosas que no pudieron cambiar, y lloran por situaciones que nada pueden hacer para revertirlas. Pero en su trabajo, el orden emocional forma parte del ser solícito.

Si lo ofendieron, bienvenido al club. Se llama el Club de Jesús, porque a Él también lo ofendieron. Si lo hirieron, bienvenido al club.

Deje de llorar, de llevarle claveles a esa tumba. Siga

hacia adelante. Pues si se queda frente a esa tumba lamentando, llorando, rezando y haciendo luto, no podrá estar delante de los reyes. Así que si lo insultaron, lo traicionaron, lo bloquearon. Es hora de poner orden emocional en su vida y darle para delante.

Marcos Witt, fundó en 1987 Grupo CanZion, empresa-ministerio dedicada a la producción y distribución de música cristiana en español. Grupo CanZion está compuesto por los sellos discográficos CanZion, ConRitmo y Directordealabanza.com, así como el Instituto CanZion, escuela ministerial musical con planteles en diferentes países del mundo, y LIDERE, organización de capacitación para líderes cristianos. Junto a Miriam, su esposa, Marcos es pastor de la congregación hispana de Lakewood Church en Houston, Texas. Es compositor y cantante con múltiples producciones en su haber y ganador, en varias ocasiones, del Latin Grammy en la categoría *Mejor álbum de música cristiana.* Marcos Witt es también autor de más de una decena de libros de liderazgo, autoayuda y biográficos fundamentados en principios bíblicos, además de ser un reconocido conferencista internacional.

Capítulo 7

USTED NACIÓ PARA ALGO GRANDE

Por Dr. Cash Luna

A veces, la gente me pregunta cuál es el precio que he pagado para tener la unción o el crecimiento que Dios me ha dado. Ellos quieren saber cuánto tiempo al día dedico a la oración para recibir la bendición de Dios. Al escuchar esto, me pregunto: «¿Cómo es posible que tanta gente todavía crea que orar es un precio que debemos pagar por un resultado?». Con esta pregunta no pretendo ofender a nadie, pero ese pensamiento es resultado de la tradición religiosa con la que crecimos los latinoamericanos.

Se nos enseñó que debíamos confesarnos y luego, rezar como penitencia por nuestros pecados. Esto es similar al castigo que reciben los hijos cuando se portan mal. Ellos se acercan a su mamá y reconocen que hicieron algo malo; entonces, ella como penitencia, los manda a hablar con el papá para que los reprenda por su mal comportamiento. De igual manera, hablar con Dios se transformó en un castigo.

¿Cree usted que la oración es una penitencia? ¿Piensa

que es el precio del pecado? ¿Puede acaso decir que es un precio a pagar? La oración es un honor, un gran placer. Debe ser el disfrute más hermoso que nuestra alma pueda tener. Es pasar tiempo con nuestro Señor. ¿Llama usted «precio» a eso?

¿Cuánto podría pagar usted por la unción? ¿Cuánto podría pagar por lo que Dios le ha dado? El único precio en el que creo es el de la sangre del Hijo de Dios, sólo debemos creer en aquello que Jesucristo hizo por nosotros.

¿Cree usted que hay un precio que tenemos que pagar por la sanidad? La Biblia es clara al mencionar que tenemos acceso al trono de la gracia por la sangre del Hijo de Dios. Así que podemos ir directamente, sin escalas, a la cruz, donde Jesús llevó en su herida nuestras enfermedades para sanarnos.

En el Antiguo Testamento, cuando el sacerdote entraba al Lugar Santísimo a ministrar a Dios, caía muerto si la ofrenda no era la indicada. No moría por ser imperfecto y pecador, pues todos lo somos. Lo que debía ser perfecto era el cordero a sacrificar. Nuestro Cordero, el Hijo de Dios, es perfecto y su sangre fue derramada en el Lugar Santísimo; por lo tanto, podemos confiar que por su sangre, no por nuestras obras, entraremos al Trono de la Gracia.

Cuando escuché por primera vez una predicación sobre Zaqueo, el Señor me habló fuertemente. Ese hombre de baja estatura se subió a un árbol para ver a Jesús, pero la gloria no estaba en él ni en el árbol. Zaqueo no hizo algo extraordinario. ¿Qué puede tener de grandioso que un pequeño hombre quisiera subirse a un árbol para ver al personaje más famoso de la época? Nada. Cualquiera lo habría hecho. Lo extraordinario es que Jesús haya querido entrar en la casa de aquel hombre. No es impresionante que usted ore clamando a Dios, sino que Él lo escuche. Tampoco tiene nada de extraordinario que el pecador busque al justo o que el enfermo clame por sanidad, lo grandioso es que el Sanador quiera sanarlo habiendo pagado con sus llagas el precio. Lo maravilloso no es cómo cantamos o danzamos, sino que Él ponga atención a nuestras alabanzas. Lo extraordinario en un avivamiento no son los hombres que predican, sino el Dios de esos hombres. Cuando se trata de su presencia, Dios es extraordinario. No somos nosotros ni nuestras largas oraciones.

CREERLE A DIOS: LA CLAVE DEL ÉXITO

Entonces, ¿cuál es el costo a pagar por la unción? Sólo debe creerle a Dios. La fe es lo único que a Él le agrada. La Biblia dice que sin fe es imposible agradarlo; sin embargo, nosotros en la vida hacemos muchas cosas sin fe. ¿Cuándo le creeremos a Dios? Creerle es obedecerle. ¡Créale a Dios con todo su corazón!

En Mateo 17:14-21, narra la historia de un joven lunático que padecía mucho y a quien su padre lo llevó ante los discípulos de Jesús para liberarlo. Ellos no pudieron hacerlo y Jesús los reprendió diciéndoles: «¡Oh generación incrédula y perversa! ¿Hasta cuándo he de estar con vosotros? ¿Hasta cuándo os he de soportar? Traédmelo acá». Jesús liberó al muchacho en ese momento y más tarde, los discípulos le preguntaron por qué ellos no habían podido; Jesús respondió: «Por vuestra poca fe; porque de cierto os digo, que si tuvieres fe como un grano de mostaza, dirías a este monte: Pásate de aquí a allá, y se pasará; y nada les será imposible. Pero este género, no sale sino con oración y ayuno».

Durante mucho tiempo, interpreté de esa respuesta que para echar fuera un demonio grande había que orar y ayunar, pero de ser así, le daría más autoridad al ayuno que a la fe en el nombre del Hijo de Dios. ¿Cómo es posible pensar que el ayuno y la oración son más poderosos que la autoridad del nombre de Jesús? Si se acerca a mí un enfermo para que ore por él y le digo: «Sé sano en el nombre de Jesús», y no sana, ¿entonces tengo que hacer ayuno y oración? Si es así, le estoy dando más autoridad al ayuno y la oración que a Jesús mismo. Eso es una blasfemia o una herejía. De ese modo, se hace pequeño el nombre de Jesús y mayor al ayuno. No hay acción alguna que sea superior a la fe en el nombre de Jesús.

Tenemos que aprender a leer la Biblia correctamente. Allí Jesús les dice «generación de incrédulos», y agrega que «este género» no se irá si no es con oración y ayuno. ¿A cuál género se refiere? ¿Al del lunático? No, se refiere al género de la incredulidad. Ese era el género que tenían los discípulos y que les impedía liberar al muchacho.

Cuando usted ora y ayuna, es para que su fe crezca en el nombre de Jesús. La oración y el ayuno son para apartarse a solas con Dios y creerle a su Palabra. Usted no piensa en orar y ayunar por 40 días aguantando hambre para que el demonio diga: «Ahí viene el hambriento», y se vaya. Si piensa así, está equivocado. Cualquier práctica religiosa sin fe en inútil. Él dijo que fue la incredulidad lo que les impidió liberarlo y los catalogó como *generación de incrédulos*, y luego agregó que si ellos hubieran tenido la fe que tiene un grano de mostaza, lo hubieran logrado. En otras palabras: Si pudiera creer como suele hacerlo el grano de mostaza, vería la gloria de Dios. No dice que nuestra fe debe ser del tamaño de un grano de mostaza, dice que si creyéramos con esa sencillez, el monte se movería.

SACAR TODO EL POTENCIAL INTERIOR

Jesús murió por todos nosotros. Seguro somos muy valiosos, ya que Él se atrevió a entregar su vida en la cruz del Calvario. El problema se presenta cuando usted no está seguro de quién es. Pues mucho de la fe en Dios se ve reflejado en la fe que usted tiene en sí mismo y en los demás. Creo en las personas porque creo en Dios. Si no creo en la criatura, en definitiva estoy expresando que el Creador hizo mal su obra.

Si nosotros no podemos creer en el potencial que llevamos dentro, ese potencial jamás se manifestará. A Dios no le gusta que uno de sus hijos no se crea capaz de algo. El Señor dice: «Sin mí nada podéis hacer». Pero en Él podemos hacer todo.

¿Qué miras en una semilla? Unos no ven más que un grano y otros ven un árbol, aunque en realidad escondido en esa semilla hay todo un bosque. El grano de mostaza, siendo la semilla más pequeña, fue capaz de creer que crecería y sería más grande que cualquier hortaliza. No vio su tamaño, sino su potencial. Es hora de dejar de ser semilla para convertirnos en árbol y luego, en un bosque donde las aves del cielo aniden.

Todos nacimos para la grandeza, mas no todos nos hemos preparado para ella. Esa es la diferencia. No importa en qué familia nació o dónde creció, qué apellido tiene o si está documentado o no. Usted nació para algo grande.

Hace un tiempo meditaba acerca de mi vida y lloraba de agradecimiento a Dios por todo lo que Él me ha bendecido, a pesar de haber nacido con todas las características para ser un perdedor. Desde que nací padecí muchas enfermedades, mi madre me crió sola, pues se divorció de mi padre alcohólico, soy hijo único y crecí con un padrastro. Desde niño tuve que ayudar a mi madre vendiendo artículos para sobrevivir. Por un tiempo, viví en la casa de mi tía y aunque tenían dos Mercedes Benz en la puerta de la casa, yo debía pararme en la calle a pedir que alguien me llevara y trajera del colegio. La gente me tiraba monedas y yo las recogía para pagar el autobús. ¡Estas fueron las primeras ofrendas que recibí en mi vida! Estudié becado en la universidad, la tuve que abandonar por las dificultades económicas de mi familia; finalmente, regresé y me gradúe ya casado y con hijos.

Nunca dije: «¡Ay, soy rechazado, nadie me quiere! Mi familia es pobre y yo muy pequeño». Todos podemos tener excusas, pero en vez de mirar lo que no tenemos, empecemos a ver lo que sí tenemos. Yo tenía menos que otros, pero lo poco que tenía lo iba usar bien.

Dios puso dentro de nosotros un gran potencial. Usted es una semilla que puede producir mucho; por lo tanto, tiene que comprender que sus logros jamás serán más grandes que sus contribuciones. Hay personas que en la vida logran mucho y contribuyen poco, son egoístas, sólo ellos saben, quieren y crecen. Pero yo me propuse en el corazón contribuir a que otros lograran sus sueños.

Me impactaron mucho las palabras de un hombre que se dedicaba a escalar montañas. Una vez le preguntaron cuántas veces había escalado el Monte Everest, y él simplemente respondió: «No importa cuántas veces lo haya escalado, sino a cuántos he llevado conmigo».

Impedir que salga todo nuestro potencial es un grave problema. Estamos acostumbrados a usar el potencial que vemos usar a millones de personas. Por ejemplo, todos los hombres y mujeres tenemos el potencial de engendrar un hijo y nadie duda que es capaz de hacerlo, incluso es placentero. Lo mismo ocurre cuando caminamos por primera vez, lo logramos sin pensar. Igual sucede cuando aprendemos a manejar una bicicleta. El temor surge cuando Dios nos desafía a hacer algo que nadie más ha hecho, entonces dudamos de nuestro potencial. Por el contrario, si nos creemos como ese grano de mostaza, capaces de convertirnos en el árbol más grande, podremos ser los primeros en usar el potencial que otros no han desarrollado. No podemos morirnos sin antes dar a los demás lo que un día Dios puso en nosotros.

CUMPLIENDO SU PROPÓSITO

Si usted tiene un género de incredulidad, empiece a trabajar en él porque no logrará nada sin fe. Hay mucha gente que va, viene, enseña, predica y habla, sin embargo, no se ve ni una obra de fe que refleje lo que dice. Cada vez más dedico mi atención a los ministerios que sí tienen frutos, porque sus obras respaldan sus palabras. Como Jesús mismo dijo: «Quien no crea por sus palabras, lo hará a través de sus obras». Esa es la clase de ministros que entienden lo que significa una vida de fe que no se sustenta en palabras, sino en acciones.

Dios ha llamado a muchos al servicio, pero no todos logran desarrollar su potencial. Personas que quizás no han fallado en la sujeción, en su conducta o en su moral, sí han fallado en la fe y han querido pagar cualquier precio por ello. Es más, muchas veces han intentado pagar precios que minimizan el nombre de Jesús. Tal vez hasta se sienten orgullosos por sus largas oraciones, sus muchos ayunos o sus obras, robándole así la gloria al Señor.

Las cosas cambiarán cuando por fin volvamos nuestra mirada al Cordero. Cuando pongamos la confianza en la sangre que Él derramó y no en lo que nosotros hagamos. Ni siquiera podemos confiar en nuestra adoración, porque es a Él a quien adoramos. Porque ¿qué sería de nuestra adoración sin nadie a quien adorar? Serían canciones vacías. Pongamos siempre nuestra mirada en el Señor.

Reconozca en quién, por qué y para cuándo está creyendo. Así desarrollará todo su potencial y podrá cumplir el propósito de su llamado.

Si Dios le ha dado un llamado o le ha entregado un don, Él no ha mentido. Si sus temores han prolongado el cumplimiento o si su incredulidad ha hecho más larga la travesía, no por eso Dios mintió aquel día cuando habló a su corazón. Él jamás miente, no deshonre su nombre al no creerle. No importa qué piensen o digan los demás, si le ponen contra la pared o le critican. La fe es más preciosa que el oro y la plata, es su mayor capital. Siempre le digo al Señor: «Aquí tienes un ingenuo que te va a creer todo lo que le digas». Haga usted lo mismo. Hable con Dios, doble sus rodillas y dígale:

«Señor, gracias por la fe que me has dado. El problema no es cuánta fe tengo, sino cómo la utilizo. Permíteme usar la fe para engrandecer tu Reino, obtener tus promesas y así glorificar tu nombre. Que sea algo agradable para ti, que crea en aquello que tú has puesto en mí. Amén».

Dr. Cash Luna, conocido familiarmente como Cash, (porque de niño no podía pronunciar su nombre, Carlos, sino «Cash-los»), recibió a Jesús como su Señor y Salvador en 1982, siendo aún joven. Desde entonces, comenzó a servirle apasionadamente, predicando en parques, calles y buses. En esa misma época, inició sus estudios en la universidad privada Francisco Marroquín en la ciudad de Guatemala. Obtuvo una Licenciatura en Administración de Sistemas de Información, y se graduó con honores *Cum Laude*. En esa misma época, contrajo matrimonio con Sonia, quien además de haberle dado tres preciosos hijos —Carlos Enrique, Juan Diego y Ana Gabriela— lo ha apoyado fielmente en su ministerio.

Se dedicaba exitosamente a sus negocios personales cuando fue llamado por El Señor para servirle a tiempo completo. La presencia de Dios le visitó junto a su esposa, Sonia, de una forma tan fuerte que sintieron una noche cómo el peso del Espíritu Santo los hacía hundirse en la cama. Desde ese día, los milagros y prodigios le siguen a dondequiera que va, y él comprende con todo su corazón que no es su presencia, sino la del Espíritu Santo la que toca a las personas.

En 1994, el Señor los llamó a pastorear, naciendo así la congregación que hoy preside, Casa de Dios, una iglesia que se conoce por la manifestación de la presencia de Dios. Siendo aún una pequeña congregación, la gloria de Dios los visitó, dejando como ebrios en el

Espíritu a muchos de los presentes, tal y como ocurrió en el día de Pentecostés. Hoy ésta es una de las iglesias más desarrolladas e influyentes en Latinoamérica, con múltiples servicios que realizan en un auditórium que la congregación edificó.

Ese mismo año, inició por las noches unas reuniones de unción abiertas al público en general que se denominaron Noches de Gloria, por la poderosa manifestación de la presencia y del poder del Espíritu Santo. Éstas se han desarrollado en cruzadas de sanidad y milagros, que llevan a cabo en muchos países de habla hispana. Junto a estas cruzadas, nació el programa diario de televisión que transmite esas reuniones y las prédicas de la iglesia.

Los pastores Cash y Sonia son reconocidos por su ministerio apostólico al Cuerpo de Cristo, el cual se manifiesta en el pastoreo de ministros, la renovación de cientos de iglesias locales y la bendición entregada a cristianos en muchos países. Su principal objetivo como ministro ha sido desarrollar discípulos dentro y fuera de la iglesia, a través de la Palabra de Dios y la unción del Espíritu Santo, provocando un fuerte crecimiento en el equipo de trabajo y en el ministerio.

Los pastores Luna tienen como objetivo puesto por Dios, ver la gloria de Dios manifestarse en el mundo entero, a través de la unción y la visión de alcanzar las multitudes para Cristo.

La más reciente producción de *Marco Barrientos* en vivo, grabada durante el Congreso Aliento del Cielo, en Dallas, TX.

CREE, todo es posible...

Disponible también en:
DVD
Pistas y
Partituras

Distribuido por Casa Creación » www.casacreacion.com » casacreacion@strang.com
1-800-987-8432 » 407-333-7117
Producido por Aliento Producciones » www.aliento.com » aliento@aliento.org
(214) 302-6580/82 » Fax: (214) 302-6586

SERIE ENCUENTROS CON DIOS

Uno de los modelos bíblicos más dinámicos que están siendo enfatizados por El Espíritu Santo en esta generación es la combinación de disciplinas espirituales como la lectura de la Palabra, la oración y la alabanza, la adoración y la interce- sión. La aplicación simultánea de estas disciplinas da lugar a sinergias poderosas que resultan en un fluir fresco del Espíritu Santo en nuestra relación personal y con- gregacional con Dios.

Todos aprendemos por imitación, observando a otros cómo lo hacen. En este sentido, todos hemos tenido modelos que nos han influenciado, para bien o para mal, en todos los aspectos de nuestra vida. Mi deseo es ayudarle a crecer en el conocimiento de Dios, a través de este proyecto, ofreciéndole un modelo bíblico en estas áreas que sea dinámico, práctico y reproducible.

Marco Barrientos

...un camino a Su Presencia

Si desea enriquecer sus Encuentros con Dios o compartir testimonios relacionados con esta Serie, escríbanos a:

EncuentrosConDios@aliento.org

Distribuido por Casa Creación » www.casacreacion.com casacreacion@strang.com » 1-800-987-8432 » 407-333-7117 **Producido por Aliento Producciones** » www.aliento.com aliento@aliento.org » (214) 302-6580 » Fax: (214) 302-6586

VidaCristiana®

+CARISMA

La revista para latinos cristianos

Tenemos la misión de edificar al lector con la Palabra de Dios. Eso lo logramos a través de secciones como:

❖ Entrevistas a líderes

❖ Noticias de lo que Dios está haciendo alrededor del mundo

❖ Columnas escritas por líderes como: Marcos Witt, Tommy Moya, Joyce Meyer y muchos más

❖ Secciones variadas y más información sobre asuntos actuales en la Iglesia hispana

*"**Vida Cristiana** es un verdadero instrumento de unidad en el Cuerpo de Cristo. Es una revista que yo recomiendo personalmente. Los animo a suscribirse hoy."* **–Marcos Witt**

¡GRATIS!

---

*¡Suscríbase a **Vida Cristiana** hoy y recibirá un regalo GRATIS con su suscripción pagada!*

❑ **¡Sí! Quiero SUSCRIBIRME a** *Vida Cristiana* **por un año por sólo $7.00**
❑ **¡Sí! Quiero SUSCRIBIRME a** *Vida Cristiana* **por dos años por sólo $15.00**

NOMBRE *(letra de molde, por favor)*

DIRECCIÓN

CIUDAD/ESTADO/CÓDIGO POSTAL/PAÍS

TELÉFONO   FAX   DIRECCIÓN ELECTRÓNICA (E-MAIL)

❑ Pago incluido (recibirá un regalo gratis) ❑ Cárguelo a mi tarjeta de crédito #

❑ Envíenme factura (solamente en E.E.U.U)   Fecha de vencimiento:

Fuera de los Estados Unidos, por favor añada $6.50 (m.EE.UU.) de cargo a las suscripciones de un año y $13 a las de 2 años.

www.vidacristiana.com

Vida Cristiana 600 Rinehart Road, Lake Mary, Florida 32746
Para servicio inmediato, llame al 1-800-987-VIDA • (407) 333-7117

A8GBKS   5947B